Bock auf BONSAI

Der einfache Start in die Faszination der kleinen Bäume

BONSAI AUFZIEHEN, PFLEGEN UND GESTALTEN

Holger Riegel

Bock auf BONSAI

Der einfache Start in die Faszination der kleinen Bäume

BONSAI AUFZIEHEN, PFLEGEN UND GESTALTEN

EULOGIA VERLAG

Inhaltsverzeichnis

*„Dieses Buch ist wie meine Videos.
Kein Lehrbuch, sondern vielmehr eine Erzählung,
eine Ansammlung von Erfahrungen und Tipps.
Es soll einen Weg zu und in das Hobby Bonsai aufzeigen.
Nicht mehr, aber auch nicht weniger."*

Über dieses Buch

Keine Frage, es gibt schon viele, wirklich sehr viele Bücher, die sich mit dem Thema Bonsai beschäftigen. Dicke Bücher, aber auch dünne, große und kleine. Bücher mit vielen Bildern, Bücher mit massenhaft Zeichnungen. Solche mit viel Theorie, solche mit seitenlangen Beschreibungen zu Baumarten, ausgiebigen Pflegehinweisen und Auflistungen zu Krankheiten. Und letztlich die Bücher, in denen es vor allem um kleine Bäume in Schalen geht, die vom Alter und dem Stand ihrer Entwicklung für den Neuling und Einsteiger in anscheinend unerreichbaren Sphären liegen. Natürlich sehr schön anzusehen, aber eben Lichtjahre entfernt vom ersten eigenen Bonsai.

Genau so erging es mir selbst zu der Zeit, als die Leidenschaft für Bonsai bei mir ganz langsam und allmählich aufkam. Natürlich hatte ich zu Büchern gegriffen, aber letztlich war die Verwirrung oft größer als die Erkenntnis. Und so fand ich mich im Internet wieder, klar, „Tante Google" hilft immer. Neben den Seiten der vielen Bonsaihändler waren es vor allem verschiedene Foren zum Thema Bonsai, aber auch die ein oder andere Facebook-Gruppe, die mich im Netz abholten.

Doch meine Wahrnehmung war nicht nur positiv, denn schnell wurde mir klar, dass es bei Bonsai mitunter um viel mehr geht als um kleine Bäume in einer Schale. Da tauchten tiefgehende Philosophien auf, wurden anscheinend zwingende Regeln erwähnt und die Kritiken an im Netz präsentierten und nach meinem Empfinden schon richtig schönen Bäumchen waren hart und wenig herzlich.

Also weg vom geschriebenen Wort und hin zum gesprochenen, denn auf YouTube wurde ich nicht nur fündig, sondern entdeckte auch die fast schon verloren geglaubte Lust auf dieses für mich neue, aber extrem spannende Hobby wieder.

Da waren Menschen, die mit den Bäumen hantierten, die ich im Baumarkt ebenfalls vorfand, und die damit Erfolg hatten oder eben auch nicht. Sie gestalteten ihre Bäume so, dass sie mir gefielen. Sie waren für mich machbar und erreichbar. Dazu gesellten sich viele Videos von ausländischen YouTubern und irgendwie gefiel mir besonders die Herangehensweise dieser Leute. Nicht so verkrampft, nicht so reglementiert, einfach lockerer, frischer und damit vor allem unterhaltsamer.

Diese Mischung machte mich neugierig, nein, besser hungrig und so begann ich, meine eigenen Bäume in der Schale zu gestalten ...

Inzwischen liegt dieser Start über fünf Jahre zurück. Die Leidenschaft ist weiterhin riesig, der Hunger auf neue Bäume, neue Arten der Gestaltung und immer ausgefallener werdende Bonsai immens und dennoch habe ich mich immer wieder an meinen Start in dieses Hobby und die ersten Hürden erinnert. Und so entstand Anfang 2020 mein eigener YouTube-Kanal „Garten, Teich & Koi plus Bonsai", der inzwischen in „my bonsai & koi" umbenannt wurde, und letztlich nun auch dieses Buch.

Eines hat dieses Buch mit meinen Videos gemeinsam, beide haben keinen Lehrauftrag, beide gehen nicht in das allerletzte Detail und bieten nicht auf jede Frage eine Antwort. Vielmehr möchte ich auch hier, genau wie in meinen Videos, die Begeisterung für das Hobby Bonsai wecken, ein bisschen von meinen Erfahrungen erzählen und den ein oder anderen Tipp geben. Fast ohne Regeln, mit ein wenig von meiner Philosophie, aber vor allem mit der geballten Leidenschaft eines inzwischen total verrückten Bonsaianers.

Über mich und „my bonsai & koi“

Doch zunächst noch ein paar Zeilen über meine Person, meinen Weg zu den kleinen Bäumen und zu meiner Präsenz auf YouTube.

Während ich mich in den ersten fünfzig Jahren meines Lebens vermehrt in den Sporthallen der Region, besser gesagt auf und neben den dortigen Handballspielfeldern bewegte, schlich sich ab 2018 ein Wechsel in meine Freizeitaktivitäten. Die kleinen Bäume in der Schale hatten mein Interesse geweckt und die Verlagerung in diese Richtung bekam durch die Pandemie eine gewisse Dynamik. So wurde schnell klar, dass ich mein Hobby, meine Leidenschaft für die hoffentlich lange zweite Hälfte meines Lebens entdeckt hatte.

Ein Hauch von asiatischer Philosophie zog bereits 2013 in unseren heimischen Garten. Nach einem erfolgreichen einjährigen

Test mit einem kleinen Goldfischteich auf der Terrasse war die Gier nach mehr Wasser im Garten geweckt. Ein Koiteich wurde ausgehoben, mit Folie verlegt und mit Wasser gefüllt. Versehen mit einem natürlich noch viel zu kleinen Filter gingen im Teich bald die ersten japanischen Kois auf Erkundungstour. Die Fische wurden größer, der Anspruch an die Wasserqualität wuchs und in den folgenden Jahren stand die Optimierung der Filterung im Vordergrund. 2017 lief alles nahezu perfekt, aber wenn es läuft, will man mitunter mehr ...

Erneut wurde der Spaten gezückt. Fische raus, Loch erweitern, Größe verdoppeln, Fische rein, lautete das Motto. Dazu eine zweite Filterung und bereits ein Jahr später hatte sich das vergrößerte System erneut stabil eingefahren. Und jetzt?

Die Beantwortung dieser Frage hatte sich schon ein paar Jahre zuvor angedeutet. Von einer Koi-Messe war ich mit drei kleinen Bäumen, meinem damaligen Empfinden nach so richtig „echten“ Bonsai, nach Hause zurückgekehrt. Als ich zwei der drei Kandidaten regelrecht zu Tode gepflegt hatte, wendete ich mich etwas deprimiert zunächst wieder den größeren Bäumen, Sträuchern und Beeten im Garten zu. Bei diversen Umgestaltungen blieben dabei ab und an ein paar Pflanzen übrig und als alter Schwabe wurde selbstredend nichts weggeschmissen, was noch funktionierte oder in diesem Fall noch lebte. Und so wanderte verschiedenste Grünmasse in Töpfe. Die ersten Opfer waren gefunden und mein zweiter Anlauf in Sachen Bonsai begann.

Jeden Freitag um 18:30 Uhr gibt es ein Video auf YouTube. Manchmal montags ein zweites.

Und was habe ich alles falsch gemacht … Besonders die Nadelgehölze gehörten zu meinen fast schon regelmäßigen Fehlschlägen. Die Antwort war zum Glück recht schnell gefunden, denn so viele Tipps und Tricks ich im Internet auch fand, die größte Tugend bei der Arbeit mit kleinen Bäumen in der Schale kann und muss man vermutlich am eigenen Leib und leider oft auf Kosten der Pflanzen lernen, denn das Zauberwort heißt *Geduld*!

Da ich vom Koiteich immer wieder mal einen kurzen Film auf YouTube gestellt hatte, setzte sich dies auch mit den kleinen Kameraden in der Schale fort. Eigentlich gedacht für die eigene Erinnerung und für Freunde und Verwandte, wuchs der Kanal zu meinem Erstaunen stetig an. Obwohl meine ersten Gehversuche sehr holprig verliefen, interessierten sich die Zuschauer für mein Tun. Auch weil ich nicht nur die Sonnenseiten aufzeigte, sondern ebenso missglückte Aktionen mit der Kamera festhielt.

Dazu erfreuten sich meine Langzeitbetrachtungen der Bonsai-Projekte zunehmender Beliebtheit, denn durch die Begleitung über mehrere Monate, mitunter Jahre, konnten Maßnahmen am Baum dokumentiert und nachvollzogen werden.

Inzwischen bin ich bonsaitechnisch aus dem Gröbsten heraus,

Hinweis:

In diesem Buch werden Bilder meiner Bäume gezeigt. Diese bilden aber nur eine Momentaufnahme ab. Aussagekräftiger sind die dazugehörigen Videos, die die Entwicklung zeigen. Manche sind durch den hinterlegten QR-Code auf YouTube abrufbar.

Schaut einfach rein und taucht ab in die Welt von „my bonsai & koi"!

den Kinderschuhen entwachsen, sehe mich aber weiterhin maximal als fortgeschrittenen Starter. Dies allerdings mit einem inzwischen über fünfjährigen Erfahrungsschatz bei sehr vielen Baumarten. Da sich die Entwicklung meiner Bäume teilweise schon über mehrere Jahre verfolgen lässt, ist dies vor allem für Starter – ich mag den Begriff „Anfänger" nicht wirklich – in dieses tolle Hobby durchaus interessant.

Selbstredend sind fünf Jahre für die Gestaltung von Bonsai ein mächtig kleines Zeitfenster, aber etwas bewegen und entwickeln lässt sich durchaus.

In diesem Buch, wie auch in meinen Videos, möchte ich nicht nur meine Erfolge zeigen, sondern auf meine Fehler hinweisen, vor groben Schnitzern warnen und helfen, Verluste zu vermeiden. Zu Ausfällen wird es dennoch kommen, denn nicht jeder Baum und nicht jede Maßnahme beinhaltet eine Garantie des Gelingens. Letztlich arbeiten wir an einem lebenden Produkt, das viele Eigenheiten und Bedürfnisse hat.

Aber wie beginnt man denn nun, wenn man sich zum Start in die Welt der kleinen Bäume in der Schale entschlossen hat? Legen wir los!

Bereit für den Start

Und? Interessiert? Hungrig? Bock auf Bonsai? Gut! Dann los!

Aber wie? Ab in den Baumarkt, das Gartencenter oder eine Baumschule? Vielleicht auch ins Internet, da gibt es massenhaft Bäume in der Schale. Junge, alte, große, kleine, die für den schmalen Geldbeutel und die für das dicke Portemonnaie. Einfach in den Einkaufswagen stellen oder den Warenkorb schieben, zur Kasse, bezahlen und los geht's.

Kann man natürlich so machen, kann auch gut gehen, aber die Reihenfolge sollte anders sein, vor allem wenn man den Spaß mit den kleinen Bäumen in der Schale nicht schon kurz nach dem Start wieder verlieren möchte, weil letztlich lediglich viel totes Gestrüpp und noch mehr Frust produziert wurde …

Und so ist es sinnvoll, sich vor dem allerersten Pflanzenkauf ein paar Gedanken zu machen oder sich die ein oder andere Frage zu stellen:

- Möchte ich Bäumchen für drinnen oder draußen?
- Wie viel und welcher Platz steht mir zur Verfügung?
- Wie bringe ich die Kleinen durch den Tag?
- Wie kommen die Bäume durch das ganze Jahr?

Man bemerkt, dass die Baumart bei diesen ersten Fragen noch gar keine Rolle spielt. Und das aus gutem Grund, denn die Wahl der richtigen Pflanze für das erste oder auch gleich die ersten „Bonsai-Projekte" ist erst dann zu treffen, wenn man über das zukünftige Umfeld und die Bedingungen für die Bäumchen nachgedacht hat. Aber der Reihe nach.

Möchte ich Bäume für drinnen oder draußen?

Für viele stellt sich diese Frage erst gar nicht, denn es gibt in Ermangelung eines Gartens oder Balkons keine Möglichkeit, sich für Outdoor-Bäume zu entscheiden. Und so bleibt nur die Option, mit Indoor-Pflanzen zu arbeiten, aber auch hier lassen sich sehr schöne Ergebnisse erzielen und tolle Pflanzen gestalten.

Ohnehin sind die meisten Indoor-Bäume in der warmen Jahreszeit sehr gern im Freien und benötigen nur über den Winter einen Schutz vor der Kälte. Allerdings sind diese „Zimmer-Bonsai" nicht mein Weg mit den kleinen Bäumen und daher kann ich dazu auch keine eigenen Erfahrungen schildern. Dennoch möchte ich einen wichtigen Tipp abgeben:

Eine Kiefer, eine Buche oder ein Ahorn sehen natürlich auch auf der Fensterbank sehr schön aus, aber diese Freude wird für gewöhnlich nur von kurzer Dauer sein, denn diese Baumarten benötigen den Wechsel der Jahreszeiten, das Licht und einfach ein Leben, das sich direkt in der Natur abspielt.

Verbleibt also die äußerst breite Palette der in der freien Wildbahn lebenden Pflanzen und Bäume. Eine riesige Spielwiese und eine unglaubliche Masse an Möglichkeiten, aber die Projekte sollen sich entwickeln, sollen wachsen, sollen gedeihen – und so kommen wir zur zweiten Frage.

Wie viel und welcher Platz steht mir zur Verfügung?

Die Frage nach dem Platz ist zunächst natürlich mit der Anzahl der Bäume verbunden, denn viele Pflanzen, viele Töpfe, viele Schalen brauchen natürlich Raum. Ein einzelner Bonsai findet sicherlich auf jedem Balkon ein Plätzchen, in einem Garten sowieso. Somit ist diese Frage ebenfalls schnell beantwortet. Oder doch nicht?

Im Laufe dieses Buchs werde ich auf meine Einstellung zur Anzahl der Bäume und Projekte noch tiefer eingehen, aber es sei schon verraten: Wer den Bonsai-Virus einmal intus hat, der will mehr, immer mehr. Daher sollte ruhig schon im Vorfeld ein Gedanke an die räumlichen Gegebenheiten verschwendet werden.

Zudem ist der Platz nicht nur eine Frage der zur Verfügung stehenden Quadratmeter, sondern auch der örtlichen Gegebenheiten mit Blick auf Sonne, Schatten, Wind, Wetter und mögliche Schutzeinrichtungen. Nicht alle Bäume gedeihen an allen Orten.

Kiefern lieben es im Sommer sonnig und heiß, am liebsten den ganzen Tag. Zu viel Regen in Frühling und Herbst mögen sie dagegen nicht, also wäre ein trockeneres Plätzchen wünschenswert. Blühende Bonsai stehen auch auf die Sonne, haben in der Regel jedoch sehr viel Durst. Laubbäume wie Ahorne, Buchen oder etwa Birken benötigen natürlich ebenfalls die Sonne, aber einen Teil des Tages darf gern ein Schattenspender zur Verfügung stehen.

Eine Bergkiefer in der sommerlichen Sonne.

So gilt es fast, eine Standortanalyse durchzuführen. Liegt mein Balkon auf der Nordseite oder den ganzen Tag sonnig? Bekommt er vielleicht nur am Morgen und abends Sonnenlicht? Ist mein Garten anfällig für starken Wind? Stehen darin vielleicht größere „echte“ Bäume, die den kleinen Kameraden an einem heißen Tag etwas Schatten und damit Abkühlung verschaffen?

Eine Beobachtung über den Tagesverlauf und eine Checkliste für mögliche Standorte ist also durchaus sinnvoll. Apropos Tagesverlauf, da war doch noch was …

Wie bringe ich die Kleinen durch den Tag?

Eine recht banale Frage, die für die Bäume in der Schale aber durchaus existenziell werden kann, denn anders als die Pflanzen in der freien Natur sind sie mit wenig Wurzeln in einem vermeintlich zu kleinen Gefäß untergebracht. In welche Richtung die Frage zielt, ist daher offensichtlich: Es geht um die Wasserzufuhr.

Wenn ein Baum eine gewisse Größe und entsprechende Blattmasse hat, ist das tägliche Gießen des gestalteten Lieblings unumgänglich. An heißen Sommertagen und je nach Standort ist mitunter gar eine zweite, manchmal auch dritte Dusche erforderlich. Kein Rhythmus, der zu einer mehrtägigen Abwesenheit aus beruflichen oder privaten Gründen passt.

Natürlich gibt es auch für diese Situationen verschiedene Lösungen, sei es der Gießauftrag an die eigene Familie oder die Nachbarschaft oder die Installation von automatischen Bewässerungssystemen. Alles machbar, alles möglich, aber sicher ist es kein Fehler, im Vorfeld einen Gedanken daran zu verschwenden.

Okay, mit dem Tag sind wir durch, aber das Jahr hat 365 davon ...

Wie kommen die Bäume durch das Jahr?

Dass die Kleinen in der Schale bei der Bewässerung erhöhte Ansprüche haben, ist also geklärt. Aber wie sieht es denn mit den Jahreszeiten aus?

Zunächst sei erwähnt, dass die aktive Wahrnehmung von Frühling, Sommer, Herbst und Winter für Outdoor-Bonsai sehr, wirklich sehr wichtig ist. Für ein gesundes und damit gutes Wachstum benötigen die Bäume die Ruhephase in der kalten Jahreszeit genauso wie die wärmer werdenden Tage im Frühling und die Sonne im Sommer. Aber vor allem mit den ganz kalten Monaten kommen nicht alle Baumarten gleich gut zurecht.

Dabei muss auch darauf geachtet werden, dass die normale Pflanze im Garten, tief verwurzelt in der Erde, auch lange Frostphasen gut verarbeiten kann, doch dieser „Rettungsfallschirm" in den tiefen Regionen steht einem Bonsai nicht zur Verfügung.

Eine recht robuste Figur im Winter geben vor allem Koniferen ab. Kiefern, Wacholder, Fichten und Lärchen können auch bei Dauerfrost und unter ein paar Zentimetern Schnee bestens überleben. Gleiches gilt für viele einheimische Laubbäume wie Buchen, Birken, Eichen oder auch den Feldahorn. Meist reicht hier ein gewisser Schutz für die Schale in Form von Vlies, Jute oder Laub aus dem Herbst und ein „normaler“ Winter wird problemlos gemeistert.

Die blühende Fraktion wie Azaleen, Kirschen, Äpfel oder Fünffingersträucher verbringen die ganz kalten Monate dagegen lieber in einem gemäßigteren, möglichst frostfreien Umfeld. Ebenso verhält es sich bei den beliebten japanischen Ahornen. Hier gilt allerdings, dass eine Überwinterung im Freien ebenfalls funktionieren kann, aber nicht muss.

Auch Bäume, die über die Saison umgetopft oder in größerem Umfang gestaltet wurden und damit im Sommer und Herbst nur bedingt die Kraftreserven für den Winter auffüllen konnten, stehen bei Eis und Schnee besser an einem frostfreien Platz.

Dieser Ort kann vielfältig sein. Eine Garage oder ein Schuppen

Eine blühende Märzkirsche im Frühling.

Ein Gewächshaus ist eine sehr zuverlässige Unterkunft für frostempfindliche oder frisch bearbeitete Bäume.

bieten sich an, wobei auf ausreichend Licht zu achten ist. Ein Gewächshaus, eventuell noch mit einem Frostwächter versehen, ist eine weitere Option. Aber keine Panik, wenn diese Möglichkeiten nicht zur Verfügung stehen, oftmals reicht auch ein Platz unter dem Vordach am Haus, am besten windgeschützt mit wenig direkter Sonne. Sollte es bitterkalt werden, kann eine Noppenfolie aus Kunststoff für eine bessere Überwinterung sorgen.

Eine wichtige Rolle kann zudem die Region spielen, in der man zu Hause ist. Ist es eher die frostige Alb oder die milde Rheinebene oder der windige und nasse Norden. Auch diese Gegebenheiten sollte man in die Wahl des Standorts und die tägliche Pflege einfließen lassen.

Okay, Standort geklärt, Platz vorhanden, Pflege gewährleistet. Jetzt kann es losgehen! Lasst uns einen Baum kaufen! Aber wo denn eigentlich ...

Woher bekommt man seine Bäumchen?

Bäume und Pflanzen gibt es fast überall, teilweise sogar beim Discounter oder im Möbelhaus. Aber gibt es nicht bessere Quellen für den Kauf von gesundem, kräftigem und geeignetem Material für die ersten Bonsai-Projekte?

Klar doch, sogar einige:

- Baumarkt und Gartencenter
- Baumschule
- Bonsai-Fachhandel
- „gebrauchte" Bäume
- Natur

Der Baumarkt und das Gartencenter

Definitiv die einfachste Quelle der Beschaffung von Rohmaterial sind die großen Baumarkt- und Gartencenterketten. Sie sind nahezu überall zu finden, haben ein breites Angebot und in der Regel gute Pflanzen zu einem annehmbaren Preis. Man kann dort auch wirklich fündig werden, aber es ist eher selten. Dies liegt vor allem daran, dass diese großen Ketten auf das Saisongeschäft getrimmt sind und damit wechselnde Waren im Angebot haben. Was nicht verkauft wird, fliegt wieder aus dem Laden. Dadurch bleibt vielen Pflanzen keine Zeit zur Entwicklung und genau an dieser Stelle kommt für mich der Toptipp in Sachen Materialbeschaffung ins Spiel!

Die Baumschule

Die Baumschule ist mein absoluter „Geheimtipp". Bevorzugt in einer ländlichen Gegend, auf einer größeren Fläche, mit vielen Bäumen und Sträuchern, die direkt im Boden wachsen, alteingesessen und oftmals ein wenig verträumt. Wer solch eine Location findet, der hat als Starter in das Hobby Bonsai definitiv einen Haupttreffer gelandet. Ich gebe zu, diese Art Laden gibt es nicht einfach um die Ecke. Man muss ein wenig suchen, vielleicht auch ein paar Kilometer fahren, aber wenn man solch eine „Perle" gefunden hat, dann gibt es kein Halten mehr.

Ich habe inzwischen fünf Baumschulen auf meiner Liste. Drei in einer annehmbaren Entfernung, zwei mit etwas längerer Anreise, aber ich bin nach einem Besuch fast noch nie ohne ein neues Projekt im Kofferraum vom Hof gefahren.

Natürlich gibt es auch in den Baumschulen die saisonalen Pflanzen, die meist im Hauptverkaufsraum präsentiert werden und daher gehe ich vor Ort lieber

Eine Kiefer wollte einfach in den Kofferraum.

in die hinteren Regionen. Hier stehen Bäume und Sträucher, die über Jahre in den Beeten und damit direkt im Boden stehen. Mitunter auch in einem Plastiktopf, aber ein kurzes Rütteln offenbart, dass die Wurzeln bereits den Weg in den Mutterboden gefunden haben.

Oft lohnt sich in Baumschulen auch der Blick in die zweite oder dritte Reihe, genauso wie der Weg in den hintersten Winkel, denn hier stehen in der Regel die vermeintlichen „Ladenhüter". Aber genau diese etwas krummen, verwinkelten oder aus dem Ruder gewachsenen Pflanzen sind des

Projekt?

Der Name Projekt taucht in meinen Videos und in diesem Buch immer wieder auf. Ich tue mich sehr schwer, jeden Baum, den ich bearbeite, als Bonsai zu bezeichnen. Der Ausdruck Bonsai ist für mich ein „Gütesiegel", eine Form der „Vollendung". Pflanzen, die erst am Anfang ihrer Entwicklung stehen, sind für mich daher keine Bonsai, sondern meine Projekte.

Bonsaianers Beuteschema. Von der Stange ist langweilig, Individualität ist gefragt!

Der Bonsai-Fachhandel

Kommen wir zu den Spezialisten. Wer einen Bonsai-Händler besucht, der taucht meist recht schnell tief, ganz tief in das gesamte Spektrum der Kunstform mit den kleinen Bäumen in der Schale ein. Ein Gang durch die Regale löst immer Begeisterung aus, das Staunen über die verschiedenen Baumarten und Gestaltungen nimmt kein Ende. Aber „fertige" Bonsai haben natürlich ihren Preis. In diesen Bäumen stecken jahrelange akribische Arbeit und ein immens hoher Pflegeaufwand. Dies will und muss bezahlt werden. Bäume, die in den vier-, manchmal gar fünfstelligen Bereich gehen, findet man hier zuhauf. Und sie faszinieren!

Aber natürlich kann ein Bonsai-Händler nicht nur von der Topware leben und daher bietet er für gewöhnlich auch Pflanzen an, die noch in den Kinderschuhen stecken oder als Jungpflanzen ganz am Anfang ihrer Entwicklung stehen. Und genau hier finden startende Bonsaianer ihre ersten „Opfer". Oft für kleines Geld und dennoch schon auf den Weg gebracht, denn im Gegensatz zu Gartencentern oder Baumschulen werden Bäume hier von Anfang an auf ihr Leben in der Schale vorbereitet.

Bonsai-Händler unterteilen ihr Angebot in verschiedene Kategorien. Da gibt es die erwähnten Jungpflanzen, meist zwischen zwei und fünf Jahre alt, die noch komplett gestaltet werden müssen. Die nächste Stufe ist die Rohware. Hier handelt es sich um Bäume, die schon ihren eigenen Charakter haben, eine gewisse

Tipp:

Die Entwicklung einer Jungpflanze ist ein langer, unheimlich langer Weg und erfordert viel Geduld. Ich empfehle daher immer, dass man sich auch zwei oder drei Bäumchen zulegt, die schon die ersten Schritte in Richtung Bonsai vollzogen haben. Sicher muss man dafür etwas tiefer in die Tasche greifen, aber es lohnt sich. Denn diese Bäume dienen als Anschauungsobjekt, als Versuchskaninchen für weitergehende Techniken und man hat eben etwas auf dem Regal stehen, das man Freunden und Bekannten als Bonsai zeigen kann.

Richtung vorgeben und nach den nächsten Schritten gieren.

Diese beiden Gruppen sind der perfekte Einstieg für Bonsaistarter und auch ich selbst besorge die meisten meiner Projekte aus diesem Bereich.

Darüber stehen Bäume, die zwar noch formbar sind, aber schon eine klare Struktur haben und genau ein paar solcher Bonsai sollte man im Bestand haben (siehe Tipp). Dann kommt die Extraklasse: fertige Bäume in tollen Schalen, die für mich aber eher zur Inspiration und Ideenfindung dienen. Aber auch so kann man natürlich in das Hobby Bonsai einsteigen.

Ein Schnäppchen aus einem fremden Garten. Die Potentilla hat einen faustgroßen Stammansatz. Ein traumhafter Fund in den Kleinanzeigen.

Mir persönlich ist dieser Weg zu „langweilig", ich möchte selbst gestalten und formen und Bäumen damit auch meinen eigenen Stempel aufsetzen.

Die „gebrauchten" Bäume

Im Frühjahr und Herbst hat diese Art der Baumbeschaffung ihre Hauptsaison. Aber was meine ich eigentlich? Letztlich ganz einfach: Es geht um die Pflanzen aus Nachbars Garten …

Wenn sich im Frühjahr die ersten Blüten öffnen oder im Herbst die Blätter fallen, kommt in so manchen Garten richtig viel Bewegung. Hier gefällt einem der Strauch nicht mehr, dort muss endlich die alte Hecke weichen. Ganz klar, im eigenen Garten würden wir kein „bonsaifähiges" Material entsorgen, aber viele, viele „normale" Gartenbesitzer denken mal gar nicht an die kleinen Bäume in der Schale. Was nicht passt, fliegt raus und landet im Grünabfall. Eine echte Verschwendung!

So mancher private Gartenbesitzer denkt aber auch an andere und setzt seine entfernten Pflanzen in Kleinanzeigenportale im Internet. Und ja, die Suche darin

Tipp:

Wenn die Möglichkeit besteht, dann sollte man immer selbst zum Spaten greifen und die Pflanzen im Garten des Verkäufers, manchmal auch „Verschenkers" bergen. Jede Wurzel, die bei der Entnahme am Baum oder Strauch bleibt, kann überlebenswichtig sein. Daher macht man sich die Arbeit lieber selbst.

ist mit Aufwand verbunden, kann tagelang erfolglos sein, aber dennoch landet man immer wieder Treffer.

Ich habe inzwischen einige meiner tollsten Projekte über diese Art der Beschaffung gefunden. Sehr oft sind es steinalte Pflanzen, die viele Optionen bieten und für den ganz schmalen Taler zu haben sind.

Aber der Weg muss nicht zwingend über das Internet gehen. Es kann schon reichen, mit offenen Augen durchs Leben zu marschieren.

Der städtische Bauhof löst ein Beet mit Kiefern auf, zwei Straßen weiter reißt ein Hausbesitzer eine Buchenhecke heraus oder eine Brachfläche im Gewerbegebiet wird für eine Lagerhalle „plattgemacht". All dies sind Chancen auf richtig tolles Ausgangsmaterial und letztlich steht dem neuen Bonsai-Projekt nur eine kurze Frage im Weg. Also, nichts wie ran, denn fragen kostet nichts!

Diese Art der Materialbeschaffung hat inzwischen sogar einen Namen bekommen. Pflanzen, die man auf solche Weise erlangt, werden „Urbandori" genannt. Damit kommen wir zu ihrer großen Schwester, der ursprünglichsten und spannendsten Art, Rohmaterial zu bekommen.

Die Natur

Es ist der Königsweg, die traditionellste, aber auch die schwierigste Form der Beschaffung von Material für die Erstellung eines Bonsai. Es ist die Ernte in der Natur. Wobei es auch hier Unterschiede gibt, denn nicht jeder Baum aus der freien Wildbahn verdient sich das große Prädikat „Yamadori".

Aber was ist eigentlich ein Yamadori? Zugegeben, mit dieser Bezeichnung eines Baums aus der Wildnis wird mitunter sehr inflationär umgegangen. Grundsätzlicher bedeutet Yamadori, dass es sich um einen „in der Natur gesammelten Baum" handelt. Wobei es kleine, aber sehr bedeutende Unterschiede gibt, denn ein echter Yamadori kommt definitiv aus den Bergen.

Gerade im Gebirge ist die Ernte von Bäumen eine Maßnahme, die Expertenwissen voraussetzt. Erfahrene Yamadori-Jäger bereiten ihre Bäume teilweise über Jahre am Standort auf die Bergung vor und auch die Vorgehensweise nach der Entnahme erfordert tiefgehende Kenntnisse, um den Baum am Leben zu halten.

Mitunter ist es daher besser, die Pflanze im Wald oder am Felsvorsprung, auch wenn sie noch so schön ist, an ihrem Platz zu belassen und sich an dem Moment der Betrachtung und der geweckten Fantasie zu erfreuen.

ACHTUNG:

Die Jagd nach Bäumen in der Natur und Wildnis ist nur mit entsprechender Genehmigung des jeweiligen Grundstückseigentümers erlaubt. Eine vorherige Absprache ist zwingend erforderlich und es sind die geltenden Vorschriften zu beachten. Dazu gehört auch der schonende Umgang mit der Natur an der Bergungsstelle.

Jede andere Entnahme ist kein Kavaliersdelikt, sondern **eine Straftat**.

Okay. Die Themen Platz, Bedingungen und Beschaffung sind damit grob angerissen. Fehlt eigentlich der Hauptdarsteller. Es wird Zeit, sich um Bäume zu kümmern.

Welche Baumarten passen zum Start?

Wieder eine recht einfache Frage, zu der es aber sicherlich zig Meinungen, Empfehlungen und Ratschläge gibt. Da ich dieses Buch aber auf meinen persönlichen Erfahrungen aufbaue, schlage ich folgende Bäume für den Start ins Hobby vor:

- Ahorn
- Buche
- Ulme
- Lärche
- Wacholder

Auf den ersten Blick fällt auf, dass es sich dabei um einheimische oder sich in unseren Sphären heimisch fühlende Baumarten handelt, und dies aus gutem Grund, denn diese Pflanzen kennen unser Klima und die Gegebenheiten. Zudem sind alle fünf Arten als fehlerverzeihend anzusehen und auch das Handling ist relativ unkompliziert.

Der Ahorn

Es gibt unglaubliche viele Arten an Ahornen und diese Baumart gefällt durch eine breite Farbpalette und ihren Wandel des Laubs in den Jahreszeiten. Ahorne lassen

Hinweis:

Alle Bonsai und Projekte, die in diesem Buch abgebildet werden, sind Bestandteil meiner Sammlung an kleinen Bäumen in der Schale. Es handelt sich um Jungpflanzen, Rohlinge, Bäume aus der Natur und bereits als „Bonsai" erworbene Pflanzen. Es ist mir wichtig zu zeigen, dass viele Entwicklungen auch in einem überschaubaren Zeitraum umsetzbar sind. „Reife" Bonsai brauchen natürlich Zeit, aber erste Schritte lassen sich schon recht schnell erkennen.

Drei Ahornarten in einer kleinen Schale. Die verschiedenen Farben sind faszinierend.

sich leicht und filigran gestalten, groß oder klein, als Einzelpflanze, aber auch in der Gruppe.

Die japanischen Ahorne begeistern vor allem durch ihr feingliedriges Blattwerk, benötigen aber im Winter etwas Schutz. Einheimische Arten bestechen durch starkes Wachstum und verbringen die kalte Jahreszeit gern im Freien.

Zu meinen Favoriten gehören Ahorne mit kleineren Blättern, etwa der Dreispitzahorn. Viel Freude bringt der Feldahorn, den ich wegen seiner Wuchsfreudigkeit auch gern als „Unkraut“ bezeichne.

Ahorne sind recht pflegeleicht, benötigen eine stetige Wasserversorgung und einen regelmäßigen Rückschnitt. Als Standort eignet sich ein Platz in der direkten Sonne, sie entwickeln sich aber auch an halbschattigen Plätzen sehr gut.

Als kleinen Appetitanreger schaut euch gern das Video „Start mit Ahorn“ auf meinem YouTube-Kanal an.

https://youtu.be/7bnWp8F536A

Die Buche

Nicht in jedem Baum, der sich Buche nennt, steckt auch eine Buche drin, denn die in Europa stark vertretene Hainbuche, die auch als Heckenpflanze sehr beliebt ist, gehört eigentlich in die Gruppe der Birkengewächse. Aber das ist eine andere Geschichte …

Für mich zählen Buchen zu den liebsten Aspiranten für einen Baum in der Schale. Sie sind pflegeleicht, wachsen sehr gut und treiben immer wieder an ver-

Im Herbst ist die Hainbuche eine Augenweide.

schiedenen Stellen aus. Diese Eigenschaften sind für eine Gestaltung zum Bonsai sehr hilfreich, denn Äste lassen sich gut ausbilden und auch der Aufbau einer Feinverzweigung ist möglich.

Neben Rotbuchen arbeite ich sehr gern mit Hainbuchen und vergesse dabei einfach, dass es eigentlich Birken sind. Die im südlichen Europa ansässige orientalische Hainbuche mit ihrem wilden Wuchs und den kleineren Blättern hat es mir besonders angetan.

Hinzu kommen die vielen Möglichkeiten bei der Gestaltung. Groß und mächtig als Solist in der Schale ist genauso möglich wie geschwungene Formen. Aber auch als kleines Wäldchen machen Buchen eine mehr als gute Figur.

Die Ulme

Es gibt nahezu keine Bonsaisammlung, die diese Baumart nicht beinhaltet. Ulmen sind geradezu prädestiniert für die Gestaltung in der Schale, da sie mit ihren kleinen Blättern sehr schnell den Eindruck eines echten Baums vermitteln.

Vor allem die chinesische Ulme ist weit verbreitet, treibt wie wahn-

Eine chinesische Ulme nach dem Umtopfen und vor dem Austrieb. Da steckt trotz 20 cm Höhe viel Baum drin.

sinnig aus, lässt sich gut verzweigen und bleibt dabei dennoch klein. Zudem bildet sie eine sehr schöne Rinde und wirkt daher einfach älter. Hier sticht vor allem die Korkulme hervor, denn die zerklüftete und mit tiefen Rissen versehene Borke ist unheimlich beeindruckend.

Als Indoor-Bonsai ist mit der Zelkove eine Unterart der Ulme sehr beliebt, wobei sich diese auch im Garten sehr wohlfühlt, solange eine frostfreie Überwinterung gewährleistet wird.

Bei Ulmen bieten sich ebenfalls viele Optionen zur Gestaltung an.

Eine kleine Lärchengruppe startet mit putzigen Nadelnestern in die Saison.

Durch das feine Blattwerk sind klein gehaltene Bäume in gern auch farbigen Schalen sehr schön anzuschauen.

Die Lärche

„Lärche geht immer." Dieser Spruch ist vor allem bei meinen Bonsaifreunden und mir fast schon eine Parole. Und eigentlich wäre diesem Satz nicht viel hinzuzufügen, doch damit würde man einer der schönsten Baumarten nicht gerecht werden.

Lärchen zählen zu den Nadelgehölzen, haben aber eine Eigenschaft von der Laubbaumfraktion übernommen. Im Herbst werfen sie ihre Nadeln ab, allerdings erst nachdem sie mit einem traumhaften Spektrum von gelben und braunen Farben geglänzt haben.

Fast noch beeindruckender ist allerdings der Frühling, wenn die kleinen, nun kräftig grünen Nadelnester aus den Knospen drücken. Es einsteht ein Baum, der mit Rasierpinsel gespickt zu sein scheint und einen herrlichen Anblick bietet.

Hinzu kommt die Vielseitigkeit dieser Baumart. Streng aufrecht, verspielt geschwungen, in Schräglage oder gar als Kaskade nach unten wachsend, Lärchen sind mit die vielseitigsten Bonsaikandidaten. Und dabei verschweigen wir mal, dass sie als Wald ebenfalls eine prächtige Figur machen.

Die Lärche ist zudem ein pflegeleichter Kamerad, der gern sonnig steht, dabei durchaus durstig ist und einen stetigen Rückschnitt gut verträgt und auch einfordert.

Für die Gestaltung zum Bonsai sehe ich die japanische Lärche weit vorn, da ihre Nadeln kleiner bleiben und damit mehr Baumcharakter haben. Sicherlich hat auch eine Goldlärche ihren Reiz, wirkt aber mit den größeren Nadeln bei kleineren Bäumen etwas plump.

Auch im Winter und unter Schnee bleibt der Wacholder grün. Dieser Baum ist mit einem Stück totem Holz „getunt".

Der Wacholder

Ein weiterer Klassiker unter den Bonsai und eine Baumart, die der Fantasie und allen möglichen Gestaltungsformen nahezu keine Grenzen setzt. Wacholder sind einfach die Verknotungskünstler unter den Bäumen in der Schale.

Hinzu kommt, dass Wacholder recht anspruchslose und pflegeleichte Zeitgenossen sind, was ihrer vorrangigen und mitunter dominanten Verbreitung auf der nördlichen Erdhalbkugel geschuldet ist. Sie stehen gern sonnig, sind aber auch durstig. Gibt man ihnen dann noch ab und zu etwas Dünger, wächst die grüne Pracht mitunter über sich hinaus.

Die Artenvielfalt bei Wacholdern ist groß, dies bestätigt schon ein Blick in die Verkaufsflächen in Gartencentern und Baumschulen und letztlich ist jeder Wacholder formbar. Aber es gibt Arten, mit denen man sich einfacher tut.

Der chinesische Wacholder ist mein Topfavorit, da er sehr feine Nadelblätter besitzt und sich daher sehr schön zu Polstern gestalten lässt. Allerdings muss ich eingestehen, dass meine Sammlung an Bonsai-Projekten nicht allzu viele Wacholder beinhaltet.

Dies ist eventuell dem Umstand geschuldet, dass nach meinem Empfinden viele Wacholder-Bonsai im Fachhandel wie ein Ei dem anderen gleichen, aber dies ist meine subjektive Wahrnehmung.

Eventuell brauche ich noch etwas Zeit für diese Baumart, denn Optionen bietet sie ohne Ende. Die Gestaltungsmaßnahmen können in wahre „Drahtorgien" ausarten und auch in Sachen Totholz am Baum bieten Wacholder unendliche Möglichkeiten. Unter dem nun vorgestellten Quintett an Bäumen für den Start sind sie zudem der einzige Kandidat, der auch im Winter sein grünes Kleid behält.

Aber natürlich gibt es noch weitere Bäume, die sich hervorragend für die Gestaltung von Bonsai eignen.

Fünf Alternativen, ganz kurz!

Hierbei handelt es sich erneut um Pflanzen, mit denen ich sehr gute Erfahrungen gemacht habe, und selbstredend lässt sich diese Liste nahezu unendlich erweitern. Denn letztlich lässt sich aus allen Baum- und Straucharten, die mehrjähriges Hartholz bilden, ein Bonsai gestalten.

Die Kiefer

Für mich ist die Kiefer das Wunderkind unter den Bonsai. Sie bietet nahezu jede Art der Gestaltung, egal ob groß und aufrecht, geschwungen, nach unten oder zur Seite wachsend. Mit der Verzweigung und den Nadeln lassen sich traumhafte Polster bilden. Aber auch eine sehr leichte Gestaltung mit sehr wenig Grün am Baum. Dazu die aussagekräftige Borke und die Möglichkeit, dem Baum mit Totholzelementen Alter und Charakter zu verleihen.

Erstgestaltung einer Mädchenkiefer. Das Buchcover zeigt den Baum ein paar Jahre später.

Die Eiche

Wer an Eichen denkt, hat sofort einen riesigen Baum vor Augen. Ein dicker Stamm, dicke Äste und viel Laub. Für mich ist die Eiche der Inbegriff des Laubbaums. Und natürlich habe ich Eichen in meiner kleinen Sammlung an Bäumen in der Schale. Aber bei dieser Baumart ist Geduld gefordert, denn Eichen sind keine Wachstumsmonster und gehen ihren Weg sehr gemächlich.

Der Fünffingerstrauch

An diesem Tipp komme ich nicht vorbei, denn ich liebe diese Pflanzenart und für Freunde von blühenden Bonsai ist dieser Strauch eine wahre Pracht. Schon die kleinen gelben, weißen, rosa oder roten Blüten sind in Verbindung mit dem feinen Blattwerk ein Augenschmaus, von der markanten Stammführung ganz zu schweigen. Obwohl es sich um einen Strauch handelt, lassen sich ältere Pflanzen zu tollen Bäumen gestalten. Interessantes Ausgangsmaterial findet man in Baumschulen, aber auch in privaten Kleinanzeigen entdeckt man mitunter wahre Schätze.

Ein Fünffingerstrauch.

Aber Vorsicht! Es handelt sich um einen sehr durstigen Kameraden.

Die Eibe

Immergrün, pflegeleicht, schnittverträglich, aber ein sehr langsamer Wachser. So würde ich die Eibe in einem Kurzportrait beschreiben. Allerdings sollte man sich von der Aussage zum Wachstum nicht bremsen lassen, denn diese Baumart kann als Bonsai richtig viel Spaß machen.

Das Besondere an Eiben ist vor allem ihr sehr hartes Holz, das zudem sehr interessante Farbtöne offenbart. Die Eibe ist prädestiniert für Totholzelemente, die dem Baum Alter und Reife verleihen. Die Gestaltung der Äste muss aber frühzeitig begonnen werden, denn ist das Holz erst ausgehärtet, lässt es sich nicht mehr formen.

Mispel-Rohling nach mehrfacher Bearbeitung.

Die Mispel

Kleine Blätter, kleine Blüten im Frühjahr und kleine Früchte im Spätsommer stehen für diese Pflanze. Dazu kommen fast schon unglaubliche Nehmerqualitäten.

Diese Punkte und die Vielzahl an Möglichkeiten der Gestaltung lassen die Mispel für mich unter die Top Ten meiner Empfehlungen wandern. Vor allem die Wuchsfreudigkeit und der über das ganze Jahr mögliche Rückschnitt lassen die Mispel zu einem interessanten „Opfer“ für den Starter in das Hobby Bonsai werden.

Sehr gut! Zwei Handvoll Baumarten stehen für die erste Auswahl bereit. Also los, jetzt wird Material besorgt!

Die ersten Bäume sollen her!

Gut, über die Bezugsquellen haben wir uns unterhalten und zu den Baumarten selbst gibt es ebenfalls ein paar Alternativen. Na dann, ziehen wir los in das Gartencenter, in die Baumschule oder in den Bonsai-Fachhandel!

Aber wie sollen die ersten Bäume aussehen? Welches Alter sollen sie haben? Sollen sie schon so richtig nach Baum in der Schale aussehen und eventuell sogar schon in einer Schale stehen? Gute Fragen und wieder mehrere Optionen. Fangen wir mal mit den Jüngsten an …

Die Jungpflanze

Kleine Bäume gibt es vor allem im Fachhandel in Hülle und Fülle. Nahezu alle möglichen Baumarten sind im Angebot und in der Regel sind diese kleinen Kandidaten zwischen zwei und fünf Jahre alt. Die Preise sind von Art und Alter abhängig, bewegen sich in der Regel aber im einstelligen Euro-Bereich.

Ich selbst arbeite sehr gern mit diesen Jungpflanzen, denn sie bringen viele Vorteile mit sich:

Tipp:

Viele angehende Bonsaianer versuchen ihr Glück mit dem Start aus Samen. Sicher ein Weg, aber ein sehr, wirklich sehr langwieriger. Aber es ist die individuelle Entscheidung jedes Einzelnen, allerdings nicht mein Weg.

Dennoch ein Ratschlag zum Thema Samen. Es gibt KEINE „Bonsaisamen" und seien sie auch noch so teuer. Der kleine Baum in der Schale ist kein Produkt, das von Natur aus klein ist oder bleibt, sondern dazu „erzogen" wird. Der Samen für den „Eichen-Bonsai" hat eventuell kleiner gezüchtete Blätter als die große Schwester, lässt man ihn aber ohne Pflege wachsen, wird er sich nicht mit einem Dasein als Bonsai begnügen.

Drei kleine Lärchen (*Larix kaempferi*) frisch aus dem Onlineshop eines Fachhändlers.

Junge Bäume sind im Stamm noch sehr flexibel und können daher gut gestaltet werden.

- Sie lassen mit Blick auf die Astgestaltung alle Optionen offen.
- Ihr Platzbedarf ist überschaubar.

Das Lärchen-Trio drei Monate nach der ersten Bearbeitung.

- Die Kleinen eignen sich hervorragend für Gruppen- und Waldbepflanzungen.
- Durch den geringen Anschaffungspreis kann man mit ihnen auch mal Versuche starten oder verrücktere Ideen ausprobieren.
- Bei guter Pflege sieht man sehr schnell das Wachstum und die Entwicklung.

Kurzum, das junge „Gemüse" ist mit einem hohen Spaßfaktor verbunden und ein Verlust wegen Fehlern bei der Pflege oder Bearbeitung führt nicht gleich zum ganz großen Frust.

Als Beispiel für die Möglichkeiten mit Jungpflanzen können hier meine drei kleinen Lärchen dienen. Im Frühjahr im Trio online gekauft, ging es zunächst ohne eine Bearbeitung der Wurzeln in ein neues Gefäß. Es folgte die Bearbeitung mit ein wenig Draht und aus den drei Gesellen wurden mit wenigen Handgriffen drei vollkommen unterschiedlich gestaltete neue Projekte. Und innerhalb weniger Monate hatte das Trio schon einen ganz zarten Hauch von Bonsai.

Ältere Pflanzen aus der Baumschule

Solche Bäume gibt es ab und an natürlich auch im Baumarkt oder Gartencenter. Diese Kandidaten haben bereits ein paar Jahre auf dem Buckel, verfügen über einen stärkeren Stamm und auch erste Äste sind schon vorhanden. Oftmals handelt es sich um Pflanzen, die für eine Hecke vorgesehen sind. Interessant sind hierbei vor allem Hain- oder Rotbuchen, aber auch bei anderen Baumarten wie etwa Ahornen, Kirschen, Granatäpfeln oder Kiefern wird man fündig. Letztlich sind der Fantasie aber keine Grenzen gesetzt. Auch ich stehe mitunter vor einer Pflanze, die mir gefällt, und prüfe im Internet eine Umnutzung zum Bonsai.

Allerdings sollten reifere Bäume vor dem Kauf etwas genauer in Augenschein genommen werden, denn die Leichtigkeit der Gestaltung ist im Gegensatz zu Jungpflanzen eingeschränkt.

Nehmen wir den gezeigten Feldahorn als Beispiel, denn hierbei handelt es sich um ein typisches Bäumchen aus einer Baumschule.

Der Ahorn hat schon ein paar Jahre auf dem Buckel und hat wohl bereits den ein oder anderen Rückschnitt über sich ergehen lassen müssen. Der Stamm hat schon die Dicke eines Daumens und die Astpartien sind angelegt. Zudem verfügt er über einen durchaus interessanten Stammverlauf.

Was auf den ersten Blick allerdings nicht ersichtlich ist, ist der erste entscheidende Punkt bei der Gestaltung eines Bonsai, denn der Wurzel-/Stammansatz liegt unter der Erde verborgen.

Dies ist bei Bäumen aus der Bezugsquelle Gartencenter und Baumschule in der Regel immer so, denn dieser für ein schönes Erscheinungsbild als Bonsai wichtige Punkt spielt bei der

Nutzung als Hecken- oder Buschpflanze überhaupt keine Rolle.

Um sich dennoch einen Eindruck von vorhandenen Wurzeln zu verschaffen, gibt es eine Möglichkeit, die aber mit Vorsicht und Fingerspitzengefühl verbunden ist. Denn der Finger kommt zum Einsatz und ertastet in der Topferde rund um den Stamm **behutsam** mögliche Wurzeln. Meist liegen diese gar nicht so weit unter der Oberfläche und ein erster Eindruck ist gewonnen.

Ist die Suche erfolgreich und macht Hoffnung auf einen schönen rund um den Stamm angelegten Wurzelkranz oder -ansatz, hat das Bäumchen das erste Einstiegskriterium erfüllt.

Nun stellt man den Baum möglichst auf einen Platz, der eine uneingeschränkte Sicht auf den kompletten Kandidaten zulässt.

Als nächste Maßnahme wird gedreht, denn man begibt sich auf die Suche nach einer möglichen Vorderseite des Bäumchens. Diese Schokoladenseite sollte einen interessanten Schwung oder andere Besonderheiten beinhalten. Dabei darf das zukünftige Projekt auch gern in verschiedenen Schräglagen betrachtet werden. Denn den späteren Einpflanzwinkel im zukünftigen Gefäß hat man selbst in der Hand.

Das wichtigste Auswahlkriterium für mich ist der Stamm und sein Verlauf. Aber warum?

Werfen wir einen Blick in die Natur und auf die großen und kleinen Bäume, die dort wachsen. Diese Bäume sind dann am beeindruckendsten, wenn sie etwas darstellen, Charakter haben, so aussehen wie die große Linde, die man sich auf einer Postkarte vorstellt. Unten ein dicker Stamm, eventuell mit einem interessanten Schwung, nach oben schmaler werdend mit einem schönen Astaufbau. Den Abschluss bildet eine harmonische Baumkrone, die den Gesamteindruck abrundet. Jetzt muss dieses Bild „nur" noch in die Schale.

Und? Ist da ein Bild? Ist da Kopfkino? Aber um was geht es mir

Toptipp:

Mein Grundsatz bei einem Besuch in der Baumschule lautet: ***„Ich suche nicht, ich finde!“***

Nur wenn mich ein Bäumchen wirklich abholt, fasziniert, begeistert oder bei mir „Kopfkino“ (eines meiner Lieblingswörter in diesem Zusammenhang) auslöst, darf der Baum mit zu mir nach Hause. Also genau hinschauen, überlegen und sich dabei nicht daran stören, dass einem andere Käufer im Geschäft seltsame Blicke zuwerfen. Das ist normal und man gewöhnt sich mit der Zeit daran!

eigentlich? Ich helfe ein wenig nach …

Wir waren beim Stamm. Der beginnt unten dick und wird im Verlauf des Baumes immer dünner. Der Bonsaianer spricht hier von „Verjüngung“. Ebendiese hat im weiteren Wachstums- und Bearbeitungsverlauf für eine harmonische und natürlich wirkende Gestaltung durchaus eine gewisse Wichtigkeit.

Selbstredend gibt es auch Gestaltungsarten, die aus einem geraden, einheitlich geformten Stamm als Ausgangsmaterial möglich sind. Diese sind aber schwieriger und aufwendiger, bedürfen tiefergehender Bearbeitungen oder es handelt sich um eine „spezielle“ Form der Gestaltung.

Die große Bedeutung des Stamms liegt auch darin begründet, dass er das Rückgrat des Baumes darstellt. Die Füße (Wurzeln) können ebenso im Verlauf der Bearbeitung ausgebildet werden wie die Arme (Äste) und der

Aus der Natur direkt in die Schale. Ganz so einfach geht es nicht.

Kopf (Krone). Der Stamm ist dagegen eher unflexibel und vorgegeben.

Diese Kriterien gelten aber nicht nur bei den Pflanzen aus dem Gartencenter oder der Baumschule, sondern sind ebenso bei Bäumen aus dem Fachhandel zu beachten. Auch bei einer Ernte im Wald oder einem Fund in Nachbars Garten sollte der erste Blick immer dem Stamm, seinem Verlauf und der Verjüngung gelten. Der Rest ist dann Fantasie oder eben Kopfkino.

Rohlinge aus dem Fachhandel

Wer sich diesen Entwicklungszustand zulegt, der hat sich einige Schritte erspart. Doch diese Vorbereitung der Bäume hat natürlich ihren Preis, denn bei guten Rohlingen wurde bereits an den wichtigsten Partien des Baums Hand angelegt.

Bei den Nadelgehölzen stammen viele dieser Bäume aus dem asiatischen Raum. Es handelt sich etwa um Wacholder oder Kiefern, die schon „in Schwung gebracht" wurden und über einen ansehnlichen Wurzelansatz verfügen. Aber auch Laubbäume kommen aus diesen Regionen.

Wer sich eher zu Projekten mit einheimischen Bäumen entschließt, wird auch fündig, allerdings ist das Angebot nicht ganz so breit gestreut.

Aber es gibt auch in unseren Gefilden Händler, die regelrechte „Bonsai-Plantagen" betreiben und sich über Jahre hinweg mit der Vorgestaltung von interessanter Rohware beschäftigen. Meist im Herbst kommt es dann zur Ernte der Verkaufsware und die Regale in den Läden und Onlineshops werden gefüllt.

Genau der richtige Zeitpunkt, um auf die Jagd nach den besten Stücken zu gehen. Dass es sich lohnt, zeigt die abgebildete Feldulme. Dieser Rohling hat schon einige Jahre der Bearbeitung auf dem Buckel und es macht einfach großen Spaß, das Begonnene weiter zu gestalten.

Bäume aus privaten Quellen

An dieser Stelle möchte ich die verschiedenen Arten von privaten Bezugsmöglichkeiten skizzieren. Seien es nun die bereits beschriebenen „Urbandori", die selbst ausgegraben werden oder mitunter regelrecht „gerettet" werden müssen, da der bisherige

Eine toll vorbereitete Feldulme von einem deutschen Anbieter.

Besitzer bereits zum Spaten gegriffen hat. Aber auch Bäume, die als Rohware, mitunter schon als fertiger „Bonsai“, im Netz angepriesen werden.

Zunächst gelten selbstredend hier ebenfalls die genannten Kriterien. Wurzelansatz, Stamm und erste Äste dürfen gern schon stimmig sein. Aber vor allem bei Pflanzen, die ihr bisheriges Dasein ohne die Berufung zum Bonsai verbringen mussten, sind mitunter auch Kompromisse erforderlich.

Als Anschauungsobjekt dienen hier exemplarisch zwei Hainbuchen, die über Jahre mit vielen anderen ihrer Art in einer Hecke gestanden sind.

Dicht aneinander, in Konkurrenz mit den Nachbarpflanzen, ging es für die Bäume nur um die Suche nach Licht. Die mächtigen Stämme zeigen, dass diese Aufgabe gelöst wurde, aber eine stammnahe Verzweigung wurde nicht aufgebaut, da der Weg der Äste und Blätter immer nach außen an die Sonne führte.

Natürlich kommt nun zurecht die Frage nach der zuvor beschriebenen Verjüngung des Stamms auf, aber an der rechten Hainbuche ist diese durchaus zu erkennen. Der linke Kandidat stellt dagegen beim Stammverlauf eine

Tipp:

Oftmals findet man in Kleinanzeigen oder auf Auktionsplattformen im Internet kleine Bäume in Schalen, die großspurig als „Bonsai“ bezeichnet werden; und allein dieser Name soll eine Wertigkeit der Pflanze vermitteln.

Allerdings hat das gezeigte Objekt mit der Definition Bonsai meist nicht viel gemein. Das Eintopfen in ein buntes Keramiktöpfchen und zwei gedrahtete Äste machen aus einer Pflanze keinen Bonsai! Sicher steckt in dem ein oder anderen Baum Potenzial, dieses rechtfertigt aber oftmals in keiner Weise den aufgerufenen Preis. Also Augen auf und einfach den gesunden Menschenverstand aktivieren.

Zwei Hainbuchen, die bisher in einer Hecke standen. Viel Stamm und ein langer Weg. https://youtu.be/8HDbDYGpP6o

gewisse Aufgabe an die Gestaltung, aber auch hierfür gibt es Möglichkeiten.

Ein kleineres Problem stellte der Aufbau neuer Äste und Triebe dar, denn bereits in der ersten Saison zeigten sich viele neue Zweige, die für den weiteren Wandel zum Baum in der Schale bereitstehen. Dennoch wird es eine Handvoll Jahre dauern, bis auch die Aststruktur dem natürlichen Bild eines Baums entspricht. Allerdings ist ein zwanzig bis dreißig Jahre alter und dicker Stamm diesen Weg und die damit verbundene Mühe und Geduld allemal wert.

„Fertige" Bonsai

Eigentlich ist diese Formulierung ein Widerspruch in sich selbst, denn ein Bonsai ist nie fertig. Wie denn auch, schließlich wächst er immer weiter. Aber schauen wir dennoch auf Bäume, die sich das Gütesiegel Bonsai verdient haben oder auf dem allerbesten Weg dazu sind.

Tipp:

Ganz klar, das Internet quillt über mit tollen Angeboten von wunderschönen Bäumen, die mit vielen Bildern präsentiert und angepriesen werden. Aber Bilder sind eben zweidimensional, die Bäume nicht.

Wenn es jetzt nicht unbedingt der eine ganz spezielle Baum aus dem Onlineshop sein muss, ergibt es daher definitiv Sinn, sich für den Kauf eines wertigeren Bonsai die Zeit zu nehmen und den ein oder anderen Fachhändler zu besuchen.

Kein Eindruck auf einem Bild ersetzt den eigenen Blick auf den Baum und damit auf seinen Ausdruck und Charakter.

Es sind die Bäume, die über einen sehr gut ausgeprägten Wurzelansatz verfügen, einen sich verjüngenden Stamm, gern auch mit einem eleganten Schwung, besitzen und die Aststruktur eben wie bei einer Miniaturausgabe eines großen Kameraden in der Natur aussieht. Anschauungsbeispiele für diese Bäume gibt es zuhauf. In Büchern, im Internet, bei Händlern und auch auf Ausstellungen. Doch diese Bonsai sind entsprechend hochpreisig, und das auch vollkommen zurecht.

Geht man bei Größe, Alter und Perfektion der Gestaltung ein paar Kompromisse ein oder möchte eventuell noch selbst in das Erscheinungsbild eingreifen, gibt es Hunderte, nein, Zigtausende Kandidaten im Handel.

Und diese Bäume sind ebenso ein Traum für den Starter in das Hobby, denn man hat bei einem Erwerb schon den ein oder anderen „echten", „fertigen" Bonsai im eigenen Bestand.

Allerdings sollte man sich bereits beim Kauf über die eingangs gestellten Fragen zu Standort und Pflege im Klaren sein, denn auch teure Bäume können schnell sterben. Je höher der monetäre Einsatz ist, umso schmerzlicher gestaltet sich meist der Verlust und das damit verbundene Frustpotenzial.

Dieser Fächerahorn im Herbstkleid bringt schon ziemlich viel Bonsai mit in die Schale. https://youtu.be/-Sqd5ZBPKlM

Jetzt aber los, lasst uns shoppen gehen!

Her mit dem Baum!

Für den Einstieg habe ich mich für eine Buche, konkret eine Hainbuche entschieden. Die Gründe dafür sind schnell erläutert:

- Sie ist ein einheimisches Gehölz.
- Sie ist leicht zu beschaffen, da sie als Heckenpflanze in nahezu allen Gartencentern und Baumschulen zuhauf zum Verkauf steht.
- Sie ist schnittverträglich, triebfreudig, fehlerverzeihend und damit pflegeleicht.
- Sie verzweigt sich sehr gut und lässt damit ein interessantes Astwerk zu.
- Sie hat eine sattgrüne Belaubung über den Sommer, die zudem recht klein ist.

Als Heckenpflanze gibt es verschiedene Altersstufen im Handel, die sich natürlich im Preis

Der erste Baum. Eine Hainbuche (*Carpinus betulus*).

Wichtiger Hinweis:

ACHTUNG! Mit dieser ersten Auswahl und dem Kauf eines Kandidaten für eure neue Leidenschaft als „Bonsaianer" beginnt für euch ein neuer Lebensabschnitt, vor allem was das Betreten von Gartencentern und Baumschulen betrifft!

Blendet die Verkäufer und andere Kunden vollkommen aus. Der „Otto-Normal-Pflanzenkäufer" sieht sich zwei oder drei Objekte an und schlägt dann zu.

Davon werdet ihr euch zukünftig deutlich unterscheiden. Zig Bäumchen gehen durch eure Hände, werden gedreht, schräg gestellt – mitunter spricht man auch zu dem Grünzeug.

Also bitte nicht wundern, wenn ihr verwirrte Blicke auf euch zieht. Das gehört ab jetzt zur Rohmaterialbeschaffung einfach dazu!

unterscheiden, aber alle Varianten sind erschwinglich. Da wir aber mit etwas „Material" im Topf starten möchten, stellen wir uns ein Bäumchen in den Einkaufswagen, das gern schon zwischen 150 und 200 cm hoch ist und einen rund daumendicken Stamm besitzt.

Also bitte nicht gleich den ersten Kandidaten in der Reihe in den Einkaufswagen stellen, denn genau jetzt beginnt die erste Selektion, und dabei schauen wir etwas genauer auf die verschiedenen Hainbuchen.

Der erste Blick geht auf ...? Na kommt, hatten wir doch ... Richtig! Auf den Stamm! Da es unser erster Baum ist, suchen wir zum Start einen eher aufrechten Kameraden, der aber gern einen kleinen Schwung haben darf.

Als nächstes Kriterium blicken wir den Baum von unten nach oben an. Ein schöner Stammansatz ist uns wichtig und der darf ruhig stabiler und dicker sein als der weitere Weg in die Höhe.

Ist dieser Check erledigt, ertasten wir, ob sich auch unter der Erde etwas Brauchbares befindet.

Die erste Wurzel ist erfühlt. Ein guter Anfang.

Mehrere gesunde Äste bieten Optionen für die zukünftige Verzweigung.

Auch wenn man dabei schmutzige Finger bekommen kann, drücken wir rund um den Stamm vorsichtig auf die Erde. Bei lockerer Erde kann diese auch etwas zur Seite geschoben werden und einen Blick auf die ersten Wurzeln gewähren.

Klar, ein Baum hat Äste und die dürfen sich ruhig schon im unteren Drittel der Buche befinden. Die Stärke der Äste ist dabei nicht ganz so wichtig, denn für deren Wachstum können wir im Laufe der Zeit selbst sorgen. Und es dürfen ruhig ein paar mehr sein. Einen Ast zu entfernen, ist leichter, als einen neu zu ziehen.

Natürlich sollte die Buche auch optisch einen vitalen Eindruck vermitteln. Verdorrte oder abgebrochene Äste, welke Blätter oder abgestorbene Regionen sprechen nicht unbedingt für einen großen Lebenswillen des Bäumchens. Daher sortiert man solche Kandidaten besser gleich aus.

Da unser zukünftiger Bonsai nicht über einen Meter hoch werden soll, suchen wir uns zudem einen „Ausstieg“ aus dem Baum. Oder ganz konkret eine Stelle, an der wir die Hainbuche einkürzen können. Eins vorweg, kleine Bäume zu bearbeiten, hat immer etwas mit Rückschnitt und damit „Trennung“ zu tun, aber man gewöhnt sich daran.

Gut, den sichtbaren Bereich oberhalb der Erde haben wir durch,

Diese Hainbuche ist gut im Topf etabliert.

Viele feine weiße Wurzeln lassen auf einen gesunden Baum schließen.

doch das ist nur die halbe Miete, denn das Bäumchen sollte auch im Topf gesund sein. Genau deshalb holen wir die Buche kurz aus dem Plastiktopf und schauen uns den Wurzelballen an.

Die Mischung, in der sich das Wurzelwerk befindet, sollte dabei einen gesunden Eindruck vermitteln. Schimmel oder müffelnde Erde können Indizien für eine falsche Pflege, aber auch Probleme innerhalb der Wurzeln sein.

Bei Pflanzen und Bäumen, die sich schon im Topf etabliert haben, geht dieser Vorgang denkbar einfach, denn der Ballen behält seine Form. Zudem sieht man viele feine Wurzeln, eventuell auch ein paar größere. Sind dazu noch feine weiße Wurzeln vorhanden, fühlt sich unser Kandidat richtig wohl, denn er bildet gerade neue Wurzeln und sorgt für sein Wachstum.

Sollte der „Topftest" nicht möglich sein, da sich bereits Wurzeln an der Unterseite des Gefäßes gebildet haben, ist dies ebenfalls ein gutes Signal. Der Baum wächst, und das ist alles, was wir wollen.

Okay, es ist geschafft, den ersten Kandidaten haben wir auserwählt. Hinein in den Einkaufswagen, ab zur Kasse, denn jetzt kann es endlich losgehen.

Die ersten Maßnahmen

Hurra! Wir sind wieder zu Hause. Die Hainbuche steht vor uns und die Finger sind schon ganz unruhig, es kribbelt, es wird Zeit loszulegen.

Aber stopp! Wie schon so oft gilt es erneut ein paar Dinge zu beachten. Dinge, die die neu erworbenen Pflanzen und ihre Zukunft durchaus beeinflussen können. Daher ein dickes Sorry, aber es ist nochmals die ureigenste Tugend des Bonsaianers gefragt, die Geduld.

Okay, ein paar Aufgaben können wir sofort erledigen, denn der Baum soll sich sofort wohlfühlen. Im Laufe dieser ersten Maßnahmen nähern wir uns nach und nach den weiteren Schritten.

Das ist zu tun:

- die Feuchtigkeit der Erde prüfen und entweder gießen oder bei nassem Substrat lieber etwas trocknen lassen;
- den Topf oder die Schale von Laub, abgefallenen Ästen und Unkraut befreien.

Spätestens jetzt landen wir bei der nächsten Frage ... Womit bearbeitet man den Baum eigentlich?

Das Werkzeug

Aber jetzt bitte nicht den Begriff „Bonsai Werkzeug" bei Tante Google eingeben und auf Bilder drücken. Oder doch, einfach mal machen ... und herzlich willkommen im Wahnsinn der Werkzeuge!

Scheren, Zangen, entweder fein oder grob, groß oder klein, für Links- und Rechtshänder, glänzend poliert oder tiefschwarz. Dazu Krallen und Schaufeln, Siebe und Messer. Fräsköpfe, Schäler und Tools zum Schnitzen und Schaben. Werkzeug zum Sägen oder zum Biegen. Letztlich eine unendliche Masse, eine immense Auswahl, unglaublich!

Aber keine Panik, denn als ersten Einstieg in das große Spektrum der Bonsai-Werkzeuge wird nun das meistgenutzte, das weltweit verbreitetste, das vielseitigste und dennoch einfachste und definitiv günstigste Werkzeug der Bonsai präsentiert:

Das asiatische Essstäbchen!

Egal ob es sich um einen Anfänger, einen Fortgeschrittenen oder einen ganz großen Meister handelt, dieses Utensil aus der asiatischen Küche hat jeder Bonsaianer in seinem Fundus. Mitunter denkt man, dass die Funktion

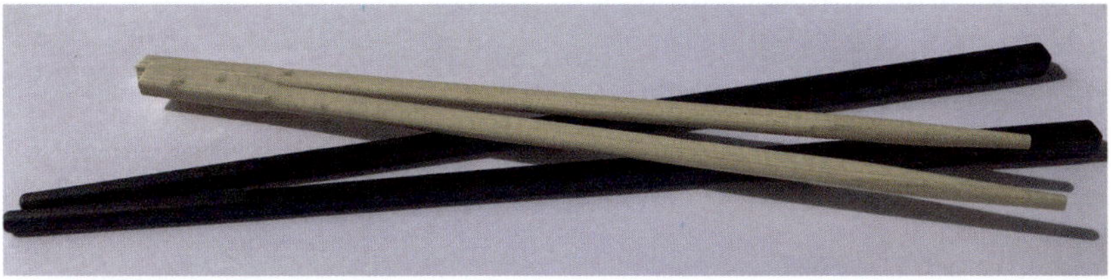

Genial einfach, einfach genial!

des Essstäbchens zur Nahrungsaufnahme eigentlich nur eine Nebenfunktion dieses genialen Produkts darstellt.

Neben der Allzweckwaffe Essstäbchen benötigt man beim Start in das Hobby nicht viel mehr, als ein Gartenbesitzer ohnehin schon im Bestand hat. Eine ganz normale Gartenschere, eine etwas stabilere Astschere, eventuell noch eine alte ausgemusterte, aber bitte dennoch scharfe Haushaltsschere für die Bearbeitung der Wurzeln. Dazu noch eine kleine Harke für die Erdarbeiten und schon kann losgelegt werden.

Natürlich haben alle im Netz aufgeführten Werkzeuge für die Bearbeitung von Bonsai ihren Zweck und auch einen tieferen Sinn. Vieles wird jedoch nur bei sehr speziellen und beim Start in das Hobby noch nicht erforderlichen Arbeiten benötigt.

Wer aber gern vom Start weg gut ausgerüstet sein möchte, sollte sich die im Folgenden beschriebenen Helfer zulegen. Möglichst in einer „besseren" Qualität, denn vor allem ultragünstige Startsets erweisen sich bereits mittelfristig als nur sehr begrenzt nutzbar.

Daher die für mich wichtigsten Werkzeuge für ein Starter-Set im Kurzportrait.

Scheren

Wurzeln wollen geschnitten werden, Äste und Zweige auch, daher ist es sinnvoll, sich zwei oder drei Scheren für diese Tätigkeiten zuzulegen. Die große Schere für die Wurzeln, aber auch stärkere Äste und eine mittlere Schere für das restliche Geäst. Wer gern filigraner zu Werke gehen möchte, darf gern noch eine kleine Schere in seine Sammlung aufnehmen.

Zangen

Auch spezielle Zangen machen die Arbeit an den Bäumchen deutlich einfacher und erfüllen zudem den Zweck, dass das Entfernen von Ästen sauber und in einem sinnvollen Winkel erfolgt. Dies ist wichtig, denn die zugefügten Wunden soll der Baum wieder verschließen können.

Perfekt sind hierfür die Konkav- und die Knospenzange geeignet. Erstgenannte sorgt für einen sauberen Schnitt, wenn ein Ast am Stamm oder ein Zweig am Ast entfernt werden soll. Die Knospenzange beißt sich dagegen regelrecht ins Holz und sorgt dabei für eine kleine Vertiefung. Diese kann der Baum bei guter Verheilung aber nahezu wieder komplett verschwinden lassen.

Krallen

Nachdem der Baum oberhalb der Erde schnitttechnisch versorgt werden kann, geht es nun an die Wurzeln. Hier ist eine stabile Wurzelkralle definitiv sinnvoll, aber auch eine feinere Kralle, die einem kleinen Rechen gleicht, bietet sich an. Oft sind diese zarteren Krallen am anderen Ende mit einer Pinzette versehen. Ein Tool, das tatsächlich öfters gebraucht wird als zunächst gedacht, denn häufig findet sich Unkraut in der Schale und will entfernt werden.

Für den Wurzelschnitt selbst kommt die bereits erwähnte große Schere zum Einsatz und es empfiehlt sich, ein gern älteres Exemplar dafür bereitzuhalten. Trifft man auf große und dicke Wurzeln, helfen die Konkavzange oder eben die Astschere aus dem „normalen" Gartenwerkzeug.

Im Fachhandel gibt es – und das ist jetzt nicht wirklich verwunderlich – Werkzeugsets, die genau diese oder ähnliche Tools beinhalten. Oftmals sind darin bei größeren Sets ebenfalls noch dabei:

- eine **Drahtzange** für das Schneiden des Drahts zur Gestaltung der Bäume, wichtig aber auch bei der Entfernung des Drahts vom Baum
- eine **Jin-Zange** für die Bearbeitung von Totholzregionen am Bonsai
- ein **Besen** aus Kokosfasern, der vor allem beim Reinigen des Substrats in der Schale sehr gute Dienste leistet
- **Bürsten** mit Borsten aus Kunststoff, Stahl und Messing für das Säubern von Rinde und Nebari, wobei eine ausrangier-

Hinweis:

Auf die einzelnen Werkzeuge werden wir im Laufe des Buchs bei den einzelnen Einsatzgebieten an den Bäumchen näher eingehen. Also achtet auf die „Werkzeugportraits", die immer wieder mal zwischendurch auftauchen und euch die Funktion und die Vorteile aufzeigen.

te Zahnbürste für den Anfang durchaus gute Arbeit leistet

Aber Moment, was rede ich da von „Jin-Zange“? Was ist denn „Jin“? Und wer oder was ist dieser „Nebari“?

Okay, das ist jetzt Fachjargon, Insidersprache und es wird Zeit für einen schmalen Exkurs in ein paar Begriffe, die auch in unseren Gefilden zum guten Ton bei der Bearbeitung von kleinen Bäumen gehören.

Die Sprache der Bonsaianer

Aber keine Sorge, es wird überschaubar und da die Wiege der Bonsaikunst im asiatischen Raum schaukelt, kommt man – sehr zu meiner persönlichen Freude – um eine Vertiefung und Ausdehnung des Wortschatzes mit Anglizismen herum. Öfter mal was Neues!

Die Begrifflichkeit **Bonsai** haben wir bereits abgearbeitet und uns mit Schale und Baum eingeprägt. Also weiter im Text, besser im Wort.

Wer Bonsai sagt, darf **Pencai** oder **Penjing** nicht vergessen, denn diese Namen bezeichnen die ursprüngliche Bonsaikunst in China.

Gehen wir nun zum Bonsai selbst und starten ganz unten am sichtbaren Teil des Baums und dem bereits erwähnten **Nebari**. Hierbei handelt es sich um die aus der Erde ragenden Wurzeln, die gern als Wurzelansatz oder Stammansatz bezeichnet werden.

In diesem Zusammenhang geht es kurz ohne Japanisch weiter, denn den Begriff „Erde“ gibt es auf „Bonsaianisch“ nicht. Der Liebhaber von kleinen Bäumen in der Schale redet von **Substrat**. Dieser Begriff wird im Laufe dieses Buchs noch eine gewichtige Rolle spielen. Also merken!

Weiter am Baum und zum Rückgrat des Gehölzes. Der Stamm hört im Japanischen auf den Namen **Miki**. Trotz ausgiebiger Recherche wurde ich zum Mittelteil oder Hauptteil des Baumes nicht fündig, dafür aber in den

Das **Nebari**, also der Stammansatz einer Korkulme.

oberen Regionen. Denn die Krone, der Wipfel oder einfach die Spitze des Bonsai wird **Shin** genannt.

Weist ein Bonsai Regionen mit totem und abgestorbenem Holz auf, spricht man am lebenden Stamm von **Shari**. Betrifft der Bereich die Äste und Zweige oder große Teile des Stamms, wird dies

Totholzbereiche an einer Eibe. Shari (oben) und Jin (unten) vermitteln Alter.

Jin genannt. Beide Arten des Totholzes können einen natürlichen Ursprung haben, werden aber als Stilmittel oft künstlich erzeugt. Diese Art der Gestaltung soll dem Baum Alter und Charakter vermitteln.

Aber ein Bonsai ist nicht nur einfach ein Bonsai. Mit Blick auf die Größe des Baums, gemessen ab der Oberkante der Schale, gibt es klar definierte Kategorien und die entsprechenden Bezeichnungen.

Als **Mame** bezeichnet man richtig kleine Bonsai bis lediglich 10 cm Höhe. Ein **Shohin** ist etwas größer und kommt auf bis zu 25 cm. **Kifu** dürfen bis 35 cm wachsen und bestechen meist durch einen kompakten Wuchs. **Chuhin** müssen unter 45 cm bleiben. Alle Bonsai, die über diese Grenze hinausgehen, werden mit **Oogata** oder **Omono** bezeichnet.

Hinzu kommen sehr viele Begriffe, die die Gestaltungsvarianten der einzelnen Bäume definieren. Stellvertretend sei hier die klassische aufrechte, gern leicht geschwungene Gestaltungsform **Moyogi** genannt.

Aber beenden wir den Exkurs, schließlich steht ein Baum vor uns, der sich auf den Weg zum Bonsai begeben soll.

Ran an den Baum!

Na endlich, wir sitzen auf der Terrasse, in der Garage, mitten im Garten, auf dem Balkon oder am Esstisch. Die Hainbuche steht vor uns und wir starten mit der ersten aktiven Bearbeitung unseres neuen Projekts. Aber wie?

Zunächst schnappen wir uns das Bäumchen, holen es aus dem Topf und stellen es vor uns hin, vorausgesetzt, der Wurzelballen ist stabil und gut durchwachsen. Auch für den zweiten Schritt benötigen wir noch keine Hardware in Form von Werkzeug, sondern nur unsere Hände, unsere Augen und ein wenig Phantasie. Nehmt euch die Zeit, schaut den zukünftigen Baum in der Schale von allen Seiten an, neigt das gute Stück ein wenig nach links, dann nach rechts und achtet dabei in erster Linie auf den Stammverlauf. In welcher Stellung ergibt sich ein schöner Schwung, wann stehen die Äste günstig und wie könnte aus dem Stück Holz mit den paar schmalen Zweigen ein echter Baum entstehen? Kopfkino ist gefragt, denn in diesem Moment fällt die Entscheidung, wie es mit dem Bäumchen die nächsten Jahre weitergeht.

Hinweis:

KEINE PANIK! Natürlich können Entscheidungen rund um den Baum auch geändert werden. Wir arbeiten nicht an einer Skulptur aus Stein und die Gestaltung unserer Bäumchen ist nicht in selbigen gemeißelt. Nein, sie wachsen, entwickeln sich weiter und bieten immer wieder neue Optionen und Möglichkeiten.

Aber nicht nur der Baum macht Schritte nach vorn, auch der Bearbeiter lernt dazu, sammelt Erfahrungen, bekommt neue Ideen und Impulse. Es klingt jetzt mächtig banal und plakativ, aber im Laufe der Zeit wachsen nicht nur die Bäume, sondern auch der Besitzer selbst. Und das ist eine extrem spannende gemeinsame Reise.

Die Erde wird mit dem Essstäbchen Stück für Stück entfernt.

Treffer! Einige Wurzeln rund um den Stammansatz. Ein guter Start.

Okay, der erste Eindruck ist gefunden, eine Vision macht sich breit, aber geht der noch verborgene Teil des guten Stücks den gewählten Weg überhaupt mit? Schauen wir mal und schnappen uns jetzt die schon erwähnte Allzweckwaffe der Bonsaibearbeitung, das Essstäbchen.

Mit diesem einfachsten aller Werkzeuge wird nun der obere Bereich der Erde rund um den Baum freigelegt. Dabei wird von oben nach unten gearbeitet und eine ruhige und vorsichtige Hand ist gefragt. Millimeter für Millimeter wird freigelegt, bis sich die ersten Wurzeln zeigen.

Diese zeigen sich für gewöhnlich bereits nach ein, zwei oder drei Zentimetern und sind im Idealfall kreisförmig, einen Kranz um den Stamm bildend angelegt. Jetzt zeigt sich, ob der „Finger-Wurzel-Taste-Test" im Gartencenter Realität ist oder wir mit unserem Gefühl falsch gelegen sind.

Ehrlicherweise ist dieses Szenario bei Pflanzen aus der Baumschule aber ein echter Glückgriff. Bei vorgestalteten Bäumen aus dem Fachhandel sollte der Wurzelkranz dagegen gegeben oder zumindest vorbereitet sein. Denn auch das gute Nebari, der gute Stammansatz, rechtfertigt den höheren Preis der bereits von Expertenhand bearbeiteten Bonsai.

Natürlich ist der Wurzelansatz auch eine Frage des Alters, denn junge Pflanzen haben kleinere Wurzeln. Bei reiferen und damit dickeren Stammansätzen muss man das vorhandene Nebari akzeptieren und letztlich damit leben. Eine Optimierung ist zwar möglich, aber ein langer Weg.

Nach der ersten Erkundungstour stellen wir die Hainbuche nun wieder in den Plastiktopf. Augenscheinlich hat es ihr darin gut gefallen, also widmen wir uns nun ausgiebig dem Bereich oberhalb der Erde.

Wie bereits beschrieben, suchen wir uns jetzt eine Vorderseite aus. Dabei achtet man natürlich in erster Linie auf den Verlauf des Stamms.

Bei der neu erworbenen Hainbuche ist bereits ein ganz ansehnlicher Schwung gegeben und diesen gilt es nun ins beste Licht zu rücken. Dazu dreht man den Baum einmal um 360 Grad, stellt ihn dabei auch mal etwas schräger und versucht verschiedene Positionen aus.

Bei der auf dem Bild gezeigten Position ist die Bewegung im Stammverlauf gut in Szene gesetzt. Dennoch sollte man sich für diese Entscheidung durchaus Zeit lassen. Also noch mal drehen, noch mal etwas schräg stellen und dann die gewählte Vorderseite markieren. Dafür reicht eine Markierung am Topf oder ein kleines Stück Holz, das in die Erde gesteckt wird.

Schauen wir nun auf die Äste der Hainbuche und prüfen, ob sie zu unserer gewählten „Schokoladenseite“ passen. Hinzu kommt die Suche nach einer geeigneten Stelle, um das Bäumchen durchaus drastisch einzukürzen.

Wir erinnern uns kurz an das Thema Verjüngung. Der Stamm soll auf dem Weg nach oben stetig dünner und damit eben jünger werden.

Da es der erste richtig große und auch wichtige Schnitt an der Hainbuche wird, sollte dieser gut

Eine mögliche Frontansicht für die Hainbuche.

Hier kann der erste Schnitt an der Hainbuche gesetzt werden.

überlegt sein. Also gehen wir auf dem Weg nach oben auf die Suche nach einem geeigneten Ast, denn genau ein Ast übernimmt in der weiteren Gestaltung die Rolle des Stamms.

Im Idealfall finden wir einen Ast, der

- schon eine Tendenz nach oben hat,
- eventuell selbst schon ein paar Zweige hat,
- sich noch etwas biegen lässt und
- natürlich gesund ist.

Da wir schon beim Kauf auf diesen „Ausstiegsast“ geachtet haben, hat unsere Hainbuche einen sehr gut geeigneten Kandidaten und es ist an der Zeit, das schwerere Werkzeug zur Hand zu nehmen. Da der Stamm ungefähr fingerdick ist, kommt die ganz gewöhnliche Garten- oder Astschere zum Einsatz.

Aber bevor wir in die Vollen gehen, üben wir mit ein paar Schnitten im oberen Bereich des bald entfernten Stamms. Dabei wird am besten an einer ähnlichen Stelle mit Stamm und Ast „trainiert“. Und dann holen wir tief Luft und los!

Je nachdem, wie zugänglich und frei die anvisierte Schnittstelle ist, stoßen wir nun vermutlich schon an die Grenzen des normalen Gartenwerkzeugs.

Daher bitte nicht gleich aufs Ganze gehen. Wir schneiden ein paar Millimeter über der eigentlich geplanten Position. Dabei sollte darauf geachtet werden, dass der Ast, der zukünftig als Stamm dienen soll, nicht verletzt wird. Das verbleibende Holz bis zur im Bild markierten Stelle kann nun mit einem sauberen Garten- oder Tapetenmesser vorsichtig flach geschnitzt werden, sodass eine ovale und möglichst glatte Stelle Holz zu sehen ist.

Wenn die Schweißperlen auf der Stirn getrocknet sind und dieser erste Schnitt vollzogen ist,

Der erste Schnitt und

die Bearbeitung der Schnittstelle.

kommt vermutlich die Frage auf, ob dieses Prozedere nicht leichter geht. Und was soll ich sagen? Ja, man kann es sich auch einfacher machen!

Sieht gut aus.

Wir starten an dieser Stelle mit der ersten genaueren Vorstellung von speziellem Bonsaiwerkzeug, das für noch mehr Spaß bei der Bearbeitung von kleinen Bäumen sorgt. Für mich das mit Abstand wichtigste und eigentlich unersetzliche echte Werkzeug ist die Konkavzange. Sie rangiert damit ganz knapp vor dem genial einfachen Essstäbchen.

Werkzeugportrait – die Konkavzange und die Hohl- oder Knospenzange

Wenn man sich fragt, welches spezielle Werkzeug zur Bearbeitung von kleinen Bäumen die größte Bedeutung hat, wird die große Mehrheit der Bonsaianer die Konkavzange nennen. Diese Aussage liegt in der Präzision beim Schneiden eines Astes direkt am Stamm begründet.

Springen wir kurz zurück und schauen auf unseren ersten

Der saubere Schnitt direkt am Holz ist die große Stärke der Konkavzange.

Schnitt an der Hainbuche. Der Stamm wurde eingekürzt, möglichst knapp über dem Ast, der zukünftig nach oben wachsen darf. Die Schnittstelle soll flach sein und damit eine gute Heilung der Wunde gewährleisten.

Und genau für solch heikle Schnitte ist die Konkavzange einfach perfekt. Zudem suggeriert der Name „Zange“ nicht nur eine gewisse Stärke, es ist auch so, denn dieses Werkzeug nimmt es gern mit dickeren Ästen auf. Aber was macht die Konkavzange so besonders?

Die Antwort: Es ist die spezielle Form, die es ermöglicht, den Ast nahezu millimetergenau an seinem Ansatz abzuschneiden. Zudem hinterlässt sie einen Schnitt, der bündig zum Stamm verläuft. Gut angesetzt kann ein einziger Kniff mit der Zange ausreichen,

Der linke Ast soll weichen. Der Schnitt soll möglichst knapp am Stamm erfolgen. Ein perfektes Szenario für die Konkavzange.

Die erste Annäherung mit Sicherheitsabstand. Mit etwas Routine kann an der roten Linie geschnitten werden.

um eine saubere Schnittstelle zu erhalten.

Aber schauen wir uns das Einsatzgebiet und das Ergebnis genauer an.

Der Weg von der Konkavzange zur Knospen- oder Hohlzange ist nicht weit, wobei der Namensteil „Knospen-“ etwas verwirrend ist. Treffender ist die Bezeichnung Hohlzange, denn dieses Werkzeug beißt sich regelrecht in das Holz.

Die Hohlzange ist als die kleine Schwester der Konkavzange anzusehen. Sie ergänzt durch ihre runde Schnittfläche die meist flache Arbeit der Konkavzange. Durch den Einsatz der Hohlzange wird innerhalb des Schnitts am Baum eine kleine Kuhle erzeugt. Diese kreisförmige Vertiefung ist

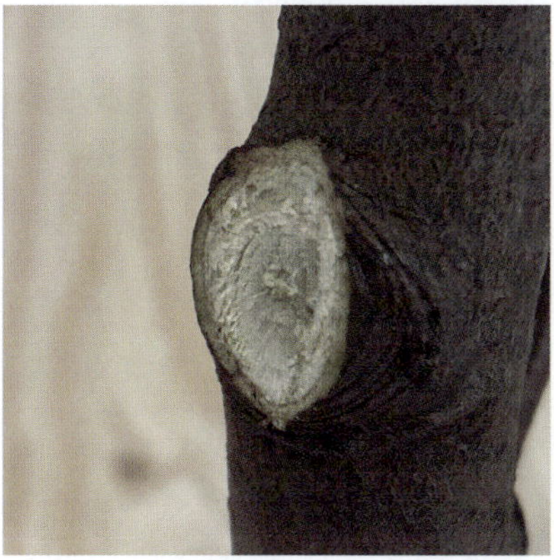

Die Schnittstelle hat eine ovale Form. Sie sollte an den Seiten noch geglättet werden.

für eine gute und saubere Wundheilung wichtig.

Aber auch als Solist weiß diese Zange zu überzeugen. Kleinere Äste können mit ihr sauber entfernt werden und größere Knospen ebenso. Vermutlich kommt

Die abgerundete Form und Schnittstelle ist charakteristisch für die Hohlzange.

Mit der inzwischen gewonnenen Sicherheit gehen wir für den Schnitt direkt an den Stamm.

Die Schnittstelle ist kreisförmig und weist in der Mitte eine Vertiefung im Stamm auf.

aus diesem Einsatzgebiet der Name Knospenzange.

Werfen wir einen Blick auf das zweite spezielle Bonsaiwerkzeug und seine Wirkung.

Während ich die Konkavzange in die Kategorie „Basisausstattung" einstufe, kann die Hohlzange durchaus erst später in die Werkzeugkiste wandern. Ist sie dann aber mal im Einsatz, möchte man diese Zange nicht mehr missen.

Aber gehen wir zurück zu unserer inzwischen etwas kürzeren Hainbuche und werfen einen ganz gezielten Blick auf die Äste, die rund um den Baum vorhanden sind.

Der Baum wird nochmals gedreht und wir überprüfen die zuvor gewählte Vorderseite. Da die erste Wahl aber weiterhin passend ist, bleiben wir bei dieser Frontansicht der Buche. Nun haben wir auf dem Weg nach oben verschiedene Äste, die sich natürlich von der Position, aber auch von ihrer Stärke unterscheiden. Ähnlich wie beim Stamm sollten

Tipp:

Die Konkavzange ist nicht nur im sichtbaren Bereich der Bäume ein nützlicher Helfer, auch bei Schnitten an größeren Wurzeln verrichtet sie sehr gute Dienste.

Allerdings sollte man für diese Arbeiten unter der Erde eine alte oder gebraucht erworbene, aber scharfe Zange einsetzen, denn solche Einsätze hinterlassen Spuren am Werkzeug.

Für die Arbeiten am Stamm und den Ästen sind nur dafür verwendete, gut geschärfte und saubere Zangen empfehlenswert.

die Äste von ihrem Ansatz nach oben dünner und jünger werden.

Allerdings haben wir ein Bäumchen vor uns stehen, das gerade die allerersten Schritte als möglicher Bonsai absolviert. Daher halten wir uns mögliche Optionen offen. Außerdem ist die kleine Hainbuche auch von ihrem Wachstum noch lange nicht am Ende. Daher unterscheiden wir die vorhandenen Äste in zwei Kategorien:

- Perspektiväste (grün)
- Opferäste (rot)

Die Perspektiväste haben in unserer ersten Planung eine Zukunft am Baum. Sie werden durch Spanndrähte, Schnüre oder gleich mit Draht am Ast in die zukünftige Position gebracht.

Die Opferäste sind zu Beginn genauso wichtig, aber sie haben vor allem die Funktion, bei unserer Hainbuche einen schönen kräftigen Stamm aufzubauen. Ist dieser Job erledigt, werden sie entfernt.

Die unteren drei Äste fallen genau in diese Kategorie. Für einen glaubhaften Baum, der in fünf

Eine mögliche Frontansicht für die Hainbuche.

Die Regeln der Bonsaikunst – Stamm und Ast

Sie allein könnten vermutlich ein ganzes Buch füllen, eventuell sogar eine ganze Buchreihe. Daher möchte ich nur auf ein paar grundlegende „Vorschriften“ eingehen, da diese für die Bearbeitung, aber ebenso das ästhetische Erscheinungsbild eine wichtige Rolle spielen.

Dass sich der Stamm verjüngen sollte, haben wir durch. Ergibt Sinn, die Natur bestätigt dies. Der Blick auf den Stamm sollte vor allem in der unteren Hälfte frei sein. Ebenfalls sinnig, denn dadurch wirkt unser Bäumchen in der Schale einfach stärker und älter. Auch hier dient die Natur als Beispiel.

Mehrere Äste sollten am Stamm unseres zukünftigen Bonsai nicht auf einer Höhe, nicht als Kranz wachsen. Und genau hier dient die Natur nicht als Vorbild, denn diese Konstellation ist bei großen Bäumen sehr, sehr oft gegeben. Aber warum wollen wir das nicht?

Zurück zum Fluss. Dieser verliert an einer Stelle einen Abfluss nach links und einen nach rechts. Die Kraft, die weiterfließt, wird dadurch doppelt reduziert. Die Folge ist logisch, der Fluss ist nach den beiden Abzweigungen deutlich schmäler. Damit zurück zum Baum und der angestrebten Verjüngung: Genau an dieser Stelle mit zwei Ästen, eventuell sogar derer drei oder vier, wird der Baum so viel Energie verbrauchen, dass ein nicht nur dicker, sondern unharmonischer Stammbereich entsteht.

oder zehn Jahren eine Höhe von 50 oder 60 cm hat, sitzen sie ohnehin zu tief.

Für den Aufbau einer Verjüngung im Stammverlauf sind sie aber bestens geeignet. Aber warum eigentlich?

Letztlich ist der Stamm wie ein breiter Fluss, der durch Abflüsse nach und nach an Stärke verliert. Jeder Abfluss kostet den Fluss in unserem Beispiel Wasser und er wird schmäler. Da immer weniger Wasser fließt, werden die Abzweigungen schwächer oder eben dünner, denn der Fluss verliert Energie.

Das entscheidende Wort ist somit bereits gefallen, denn jeder unserer Äste ist auch ein Zweig und damit eine Abzweigung. Ganz unten am Stammansatz kommt die Gesamtmenge an Energie aus den Wurzeln und mit jedem Ast verringert sie sich. Der Stamm wächst dadurch nach oben hin weniger; die Verjüngung ist die logische Folge.

Im Gegensatz zu unserem Beispiel gibt sich der Baum aber

nie mit seiner Höhe zufrieden. Der Fluss ist irgendwann versickert oder ausgetrocknet, aber die Buche und nahezu alle anderen Baumarten wollen zur Sonne wachsen. Wollen hoch hinaus und vernachlässigen dabei die unteren Astregionen. Hier gilt es durch gezielten Rückschnitt entgegenzusteuern. Deshalb kürzen wir den neuen Weg nach oben ein. An unserem zum Stamm beförderten Ast lassen wir in Richtung Sonne lediglich drei oder vier Knospen stehen. Zu kurz? Nein, denn diese Triebe nach oben werden für neues Wachstum sorgen. Versprochen!

Wir müssen uns noch um die Perspektiväste kümmern. Diese dürfen vor allem in den ersten Jahren richtig wachsen, Volumen aufbauen und viele kleine neue Zweige bilden. Denn auch hier spielt das „Fluss-Prinzip" eine Rolle. Dicker Astansatz am Stamm, Verjüngung und Feinverzweigung. Merkt euch dieses Wort „Feinverzweigung". Wir werden noch des Öfteren darauf zurückkommen.

Für den ersten Punkt dieser Regeln haben wir mit den Perspektiv- und Opferästen den Grundstock gelegt. Da ein freier Blick auf den Stamm angestrebt wird, schneiden wir Äste, die direkt auf uns zugehen, ab. Natürlich können diese auch als Opferäste dienen, aber je stärker sie dabei werden, desto größer wird die Wunde, die bei der Entfernung entsteht. Und gerade auf der Vorderseite, der Parade- und Schokoladenseite unserer Buche können wir das mit einem frühen Schnitt vermeiden.

Und jetzt betrachten wir uns das erste Werk, das erste Projekt, den ersten Baum, den wir in Richtung Bonsai auf den Weg gebracht haben. Aber gehört so ein kleiner Bonsai nicht auch zwingend in eine Schale? Ist es nun schon ein Bonsai?

Leider nein ... und ein kleiner Baum wird auch nicht zum Bon-

Ein Opferast zur Stammverdickung an einer Eiche.

sai, nur weil man ihn in eine kleine bunte Schale zwängt. Im Gegenteil, denn bisher haben wir nur den ersten Schritt auf der langen Reise gemacht und da ist es viel besser, wenn die Hainbuche in ein Wachstumsgefäß umgetopft wird.

Apropos Umtopfen! Ganz wichtiges und großes Thema. Dazu kommen wir natürlich noch ausführlicher, doch zunächst lassen wir unserem Bäumchen ein wenig Ruhe.

Allerdings haben wir noch eine Aufgabe, die nicht aufgeschoben werden sollte. Haben wir an unserer allerersten Schnittstelle der Hainbuche nicht eine große Wunde zugefügt?

Berechtigter Einwand und keineswegs eine Frage, die lediglich einen optischen Hintergrund hat. Wir haben den Baum verletzt, Flüssigkeit tritt aus, die Oberfläche an der Schnittstelle liegt offen, ist ungeschützt und daher sollten wir hier noch etwas tun.

Der Wundverschluss

Das Knie aufgeschlagen, den Kopf angehauen, die Haut, also unsere Rinde, wurde verletzt, man hat eine Schürfwunde oder es tritt sogar Blut aus. Der vollkommen normale Reflex führt uns Menschen nun zu einem Pflaster oder Verband. Und genau diese Fürsorge sollten wir auch unseren kleinen Bäumen in der Schale zukommen lassen.

Natürlich gibt es in der Natur, mitten im Wald, nach einem Sturm oder dem Biss eines Rehs kein Pflaster für die Bäume. Wäre auch ziemlich aufwendig. Selbstredend verfügen Pflanzen über ihre ureigenen Maßnahmen, um eine Wunde zu verschließen. Das können wir Menschen schließlich auch; Blut tritt aus, verkrustet und sofort beginnt der Heilungsprozess.

Bei Mensch und Pflanze kann das hervorragend und ohne Komplikationen funktionieren, muss es aber nicht. Verletzungen öffnen den betroffenen Organismus und damit können Bakterien oder Pilze eindringen. Wunden brauchen für die Heilung länger und hinterlassen mitunter unschöne Narben und Spuren. Das wollen wir unseren Bäumen nicht wirklich zumuten und daher blicken

Dieser Ahorn hat sich selbst geholfen und die Verletzung mithilfe des Kallus geheilt.

wir kurz auf unsere Möglichkeiten in Sachen Bonsai.

Mittel zum Verschließen einer Wunde gibt es in jedem Baumarkt oder Gartencenter. In großen Gebinden für die Industrie, in kleineren Dosen oder Tuben für den privaten Gebrauch. Alle diese Mittel erfüllen ihren Zweck. Sie verschließen die Wunde. Aber – und dieser Widerspruch muss jetzt einfach kommen – sie legen keinen Wert auf die Optik.

Da diese Optik bei den kleinen Bäumen jedoch eine wichtige Rolle spielt, empfehle ich den Einsatz von speziellen Wundverschlüssen. Das Angebot ist dabei ebenfalls umfänglich. Paste, Balsam und Knete sind im Fachhandel erhältlich, aber auch alternative Arten wie etwa Bienen-Wabendeckelwachs haben ihre Anhänger.

Meine Erfahrungswerte beruhen auf Knete und Paste und mehr habe ich nicht getestet. Warum auch, es funktioniert.

Die Vorteile dieser beiden Stoffe sind für mich:

- leichte Verarbeitung
- gut aufzutragen
- ebenso wieder gut zu entfernen
- witterungsbeständig
- optisch unauffällig

Alle diese Mittel enthalten Zutaten für unseren verletzten Baum, die für einen schnelleren Heilungsverlauf sorgen und die Wunde sauber halten. Zudem verhindern sie, dass der eigene Saft des Baums austreten kann. Bei Laubbäumen ist dieser Austritt von Flüssigkeit an einer Verletzung gut zu erkennen. Bei Nadelbäumen sogar zu spüren, denn das natürliche Pflaster dieser Baumart ist das klebrige Harz.

Beide Flüssigkeiten haben den internen Auftrag zum Wundverschluss. Gelingt dieser allerdings nicht, droht die betroffene Stelle auszutrocknen und abzusterben. Dies kann bei größeren Verletzungen im Extremfall zum Verlust von ganzen Ästen oder gar des gesamten Gehölzes führen.

Zusätzlich zur Abdichtung der Verletzung aktivieren und fördern die Wundverschlussprodukte die natürlichen Selbstheilungssysteme der Bäume. Ganz speziell sorgen sie für eine bessere Kallusbildung.

Moment, Kallus, wer oder was ist das?

Jeder von uns hat dieses baumeigene Pflaster schon gesehen. Aber schauen wir es zur Auffrischung der Erinnerung nochmals genauer an.

Kallusbildung an einem alten Laubbaum.

Hat ein Baum eine Wunde, die auch die Rinde verletzt, wird der Selbstheilungsprozess umgehend eingeleitet. Dabei wird die Stelle versorgt, die im Baum für den Transport von Wasser, Energie und Nährstoffen hauptverantwortlich ist, die Rinde. Entlang der beschädigten Außenhaut wird ein dickes und wulstiges

Das Transportsystem – Die Rinde des Baums

Die Rinde ist die Haut unserer Bäume und durchaus mit unserer eigenen Außenhülle zu vergleichen. Sie schützt, sie wächst und sie informiert den Baum. Sie kompensiert Umwelteinflüsse und versorgt, wie eben besprochen, Verletzungen.

Der Stamm, die Äste und die Zweige bauen sich von innen nach außen in verschiedenen Bereichen auf. Mittig ist das Mark. Um dieses herum bildet sich kreisförmig das Kernholz. Dieses wird vom Splintholz umgeben, danach folgt der Bast und ganz außen die Borke. Bast und Borke werden dabei als Rinde zusammengefasst.

Für Wachstum, Kraft und Energie sorgt mittendrin das Kambium. Zwischen Splintholz und Bast bildet es nach innen Holzzellen und nach außen den benachbarten Bast.

Damit sorgt das Kambium für das Wachstum des Holzes und produziert neuen Bast, der wiederum das Transportsystem der Bäume ist.

Das größte transportierte Gut ist einfach erklärt Zucker. Im Spätsommer und Herbst wandert die Energie von den Blättern in das Wurzelsystem und wird dort über den Winter eingelagert. Kommt der Frühling, ändert sich die Richtung. Die Energie wird über den Stamm in die Äste und Zweige befördert. Schwellende Knospen und sprießende Blätter sind das Merkmal dieser Zeit und sorgen dafür, dass der Baum wächst und gedeiht. Im Herbst wandert dann wieder Energie aus den Blättern unter die Erde in den Wurzelballen.

Ein stetiger Kreislauf, der hier wirklich ganz, ganz einfach und knapp dargestellt ist.

Neuer Austrieb aus einer Wunde.

Gewebe gebildet, das die Wunde schließt. Produziert wird dieses „Pflaster" im Kambium, einem wichtigen Bestandteil der Rinde.

Sorgen wir nun aber dafür, dass die Wunde nicht nur verschlossen, sondern auch gut vorbereitet wird.

Die Wunde sollte zunächst gesäubert werden. Mit einem scharfen und sauberen Messer wird die Schnittfläche gereinigt. Damit der Kallus keine allzu große Wulst bildet, ist es sinnvoll, die Fläche leicht tiefer zu gestalten. Hier erinnern wir uns an die Hohlzange. Zudem wird die Rinde – wir bleiben in der Folge bei der einfachen Bezeichnung – schräg angeschnitten, bis der grüne Cambiumstreifen zu sehen ist.

Nun wird der Wundverschluss aufgetragen. Mittig in der Wunde platziert, wird er nach außen gedrückt, bis über die Ränder der Schnittstelle geschoben und mit angefeuchteten Fingern glatt gestrichen. Schon haben wir nahezu alles getan, um unserer Hainbuche eine unkomplizierte Wundheilung zu ermöglichen.

Nun stellen wir den ersten gestalteten Baum beiseite, ersparen ihm noch für ein paar Wochen direkte Sonneneinstrahlung und vergessen bitte nicht, ihn regelmäßig zu gießen.

Die Premiere in Sachen Laub ist damit auf den Weg gebracht. Wechseln wir das Lager, schwenken in die Kategorie Nadelbäume und schnappen uns eine Lärche. Denn Lärche geht wirklich immer.

Der Start mit Nadelbäumen

Wer an Bäume mit Nadeln denkt, hat Tannen, Fichten und Kiefern im Sinn. Und vor allem Letztgenannte sind für mich die Königinnen der Bonsaikunst, da sie alles mit ins Spiel bringen. Aussagekräftige Borke, skurrile Wuchsformen, Totholz und damit viel Charakter, Alter und Ausstrahlung. Also, ran an die Kiefer!

Kann man machen, wäre für mich aber nicht die erste Empfehlung. Bäume mit „echten" Nadeln brauchen Zeit und Geduld und damit zwei Punkte, die zum Start nicht zwingend gegeben sind.

Eine Option ist Wacholder, der auch zur Art der Koniferen zählt und pflegeleicht ist. Kommen wir aber später dazu. Eine Eibe ist auch ein guter Kandidat. Leicht zu beschaffen, schnittverträglich und recht anspruchslos, aber langsam, extrem langsam wachsend.

So lande ich bei der Lärche, meinem „Lieblingsnadler". Aber ist die überhaupt ein Nadelbaum, wenn sie sich im Winter ganz ohne Grün zeigt? Ja, und keine Sorge, mit einer Lärche im Bestand habt ihr die Fraktion der Nadler definitiv besetzt.

Aber warum denn jetzt wirklich die Lärche?

Für mich vereint diese Baumart alles, was die Koniferen auszeichnet. Sie bekommt recht schnell eine urige Borke, die Äste können in klaren Etagen ausgerichtet werden und selbst der Stamm ist lange beweglich und damit formbar. Dazu verleihen Bereiche mit abgestorbenen Stammteilen oder Ästen der Lärche schon in recht jungen Jahren ein gewisses Maß an Reife und Alter. Dieses Shari und Jin können problemlos am Baum kreiert werden.

Zudem empfinde ich diese Bäume als pflegeleicht und dankbar, denn entgegen der anderen Nadelgehölze kommen sie den Laubbäumen bei der Pflege verdächtig nahe. Während Kiefer, Tanne und Fichte bei den Themen Standort und Bewässerung gehobenere Ansprüche haben, kann die Lärche neben einem Laubbaum stehen und nahezu identisch betreut werden.

Nun habe ich allerdings eines meiner Lieblingsmerkmale bei den Lärchen fast vergessen. Die Optik! Im Frühjahr öffnen sich die Knospen und offenbaren kleine grüne Rasierpinsel. Danach folgt ein sattgrüner Austrieb, der auch das ganze Jahr anhält. Im Herbst ist der Übergang dieser Farbe in alle möglichen Gelb- und Brauntöne eine wahre Pracht, ein Augenschmaus. Also, her mit dem Ding!

Im Gegensatz zu Buchen, Ahornen und anderen einheimischen Bäumen ist die Beschaffung einer Lärche im normalen Gartenhandel nicht oft von Erfolg gekrönt. Daher bietet es sich an, einen Fachhändler zu suchen, der Jungpflanzen oder Rohmaterial anbietet. Wie immer ist der Kauf vor Ort der bessere Weg, aber auch im Internet findet man schöne Exemplare ohne großen Kapitaleinsatz. Und genau dort wurde ich mit unserem Beispielbaum fündig.

Die Knospen der Lärche legen los.

Wer die Wahl hat, hat die Qual. Oder: doppelt gemoppelt hält besser. Deshalb habe ich zwei Exemplare der japanischen Lärche (*Larix kaempferi*) bestellt. Diese Vorgehensweise praktiziere ich vor allem bei Jungpflanzen sehr gern, da letztlich jedes Bäumchen anders ist und man immer verschiedene Möglichkeiten der Gestaltung ausprobieren kann.

Recht schnell ist zu erkennen, dass beide Exemplare schon den ein oder anderen Schnitt eines Fachmanns bekommen haben. Die Lärchen verfügen über eine umfangreiche Beastung, die uns alle Möglichkeiten für die Bearbeitung offenhält. Zudem wurde das Duo im oberen Bereich bereits eingekürzt; dadurch erklärt sich auch die mit rund 20 Zentimetern sehr kompakte Höhe der beiden Jungpflanzen.

Wir wenden uns dem linken Bäumchen zu und werfen den ersten Blick, wie auch schon bei der Hainbuche, auf die Region unter der Erde.

Der Blick auf das Innenleben im Pflanztopf zeigt, dass die ersten Schritte erfolgreich umgesetzt wurden. Die Lärchen stehen in einer lockeren Erde, die mit einem Substrat ergänzt wurde. Hierbei handelt es sich vermutlich um kleine Bimssteinchen. Dieser Zusatz sorgt für eine bessere Durchlüftung der Erde und damit für schnelleres Wachstum.

Aber auch an die Wurzeln wurde schon Hand angelegt. Ein erster Wurzelkranz ist erkennbar und dank des guten Bodens ist der Wurzelballen kompakt und hält die Form des Topfes.

Somit können wir den unteren Teil der Lärche wieder „einpflanzen". Der Baum ist vital und gesund. Einer Bearbeitung im oberen Bereich steht nichts im Weg.

Der erste Blick auf die Lärche offenbart zunächst den Eindruck, dass wir uns keinen Baum, sondern eher einen Busch zugelegt haben. Aber keine Panik! Viele Äste bieten viele Optionen. Und so

Ein Duo mit japanischen Lärchen.

Die Wurzeln sind üppig und gesund.

werfen wir einen ersten konkreten Blick auf unseren Nadelbaum.

Dabei ist die Vorgehensweise zur Hainbuche sehr ähnlich, eigentlich identisch.

Nicht den Durchblick verlieren, sondern Chancen erkennen.

Wo ist ein Schwung im Stamm? Wie stehen die vorhandenen Äste? Welche Vorderseite bietet sich an? Wo besteht die Chance auf einen sinnvollen Ausstieg nach oben?

Wie schon bei der Premiere streben wir zunächst eine aufrechte Gestaltung an, auch wenn die junge Lärche durch ihre Beweglichkeit im Stamm weitere Möglichkeiten bietet.

Aber irgendwie verfügt der zukünftige Baum in der Schale über mächtig viele Äste und Zweige. Zudem kreuz und quer. Daher verschaffen wir der Lärche und unseren Gedanken durch ein paar gezielte Schnitte ein wenig Luft. Dabei kommt bei stärkeren Ästen erneut die Konkav- und Knospenzange zum Einsatz. Aber für die filigranen Schnitte an den zarten Ästchen gibt es feinfühligeres Werkzeug.

Lasst uns kurz über Scheren und Bonsai reden.

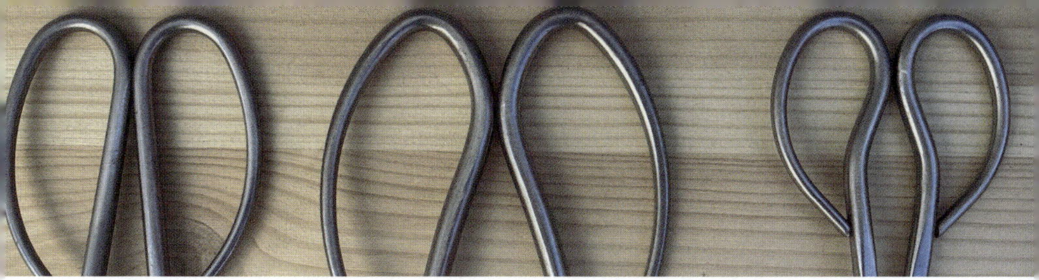

Werkzeugportrait – Die vielen Scheren und ihre Einsatzgebiete

Im Gegensatz zu den bereist vorgestellten Zangen zur speziellen Bearbeitung von Stamm, Ast und Zweig sind Scheren kein spezifisches Gartenwerkzeug. Jeder hat diese praktischen Dinger im Haushalt schon in der Hand gehabt, eventuell sogar schon an irgendwelchen Pflanzen. Aber natürlich gibt es für die kleinen Bäumchen nicht die *eine* Schere, denn je nach Größe und Stärke erfüllen verschiedene Scheren unterschiedliche Aufgaben.

Eine mittlere Bonsaischere kann dabei natürlich als Mädchen für alles eingesetzt werden. Sie ist in der Regel rund 20 Zentimeter lang, unterscheidet sich aber dennoch deutlich von der Papierschere aus der Schreibtischschublade.

Während das Haushaltsgerät ein recht langes Scherenblatt hat, ist die Basisschere in diesem Bereich kürzer ausgeführt. Dagegen sind die Schenkel, der Weg von

Eine mittlere Schere als Allzweckwaffe.

Für die härteren Schnitte perfekt.

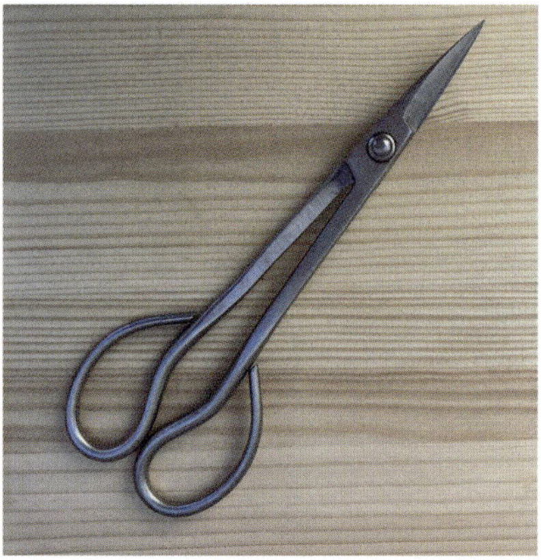

Klein und fein. Die Stutzschere.

Griff zur Klinge, etwas länger ausgeführt. Dies verbessert nicht nur den Hebel, sondern lässt auch genauere Arbeiten am und vor allem im Baum zu.

Für den Anfang ist diese Basisschere vollkommen ausreichend und ermöglicht gemeinsam mit den Zangen die komplette Bearbeitung an den Bäumen. Selbstverständlich sollten die Schneiden scharf und die Scherenblätter gereinigt sein, denn ein sauberer Schnitt beschleunigt die Wundheilung.

Dennoch möchte ich noch zwei weitere Scherenarten ansprechen, die nach meinen Erfahrungen oft zum Einsatz kommen und damit ihre Berechtigung im Werkzeugkasten des Bonsaianers haben.

Eine extrem bauchige Form kennzeichnet den Klassiker unter den Bonsaischeren. Der breite Griff charakterisiert dieses Werkzeug und macht klar, dass hier mit viel Kraft gearbeitet werden kann. Entsprechend robust und stabil ist die Schere gestaltet und die Einsatzgebiete sind vielfältig. Feine Wurzeln können ebenso geschnitten werden wie stärkere Äste und Zweige. Aber auch für einen formgebenden Schnitt der Grünmasse im Sommer eignet sich diese Schere hervorragend.

Gänzlich anders sieht es mit der zweiten ergänzenden Schere aus. Der Name „Stutzschere“ umreißt das Einsatzgebiet schon recht klar, denn besonders bei feinen Zweigen an kleineren oder mittelgroßen Bonsai ist dieses Werkzeug sehr hilfreich. Die Schere ist deut-

Tipp:

Jede vorgestellte Scherenart hat ein spezielles Einsatzgebiet und entsprechend sind die verschiedenen Modelle gestaltet. Es empfiehlt sich daher, die Werkzeuge auch nur dafür zu verwenden. Die zarte Stutzschere stößt bei Schnitten an dicken Ästen und Zweigen schnell an ihre Grenzen. Ein zu heftiger und kräftiger Gebrauch kann dafür sorgen, dass die Scherenblätter nicht mehr richtig schließen und das Schloss, die Schraube oder Niete, die beide Scherenteile verbindet, ausleiert. Daher lieber einmal mehr das Werkzeug wechseln und damit länger Spaß daran haben.

Besonders bei den erwähnten Schnitten an den Wurzeln der Bäumchen empfiehlt es sich, wie schon bei der Konkavzange, mit einer gebrauchten oder ausrangierten Schere zu arbeiten.

lich filigraner und kommt mit ihrem schmalen Design auch in enge Bereiche der kleinen Bäume.

Natürlich gibt es noch viele, wirklich sehr viele andere Scheren im Angebot des Fachhandels und alle haben mit ihren Besonderheiten ihre Berechtigung. Für die ersten Schritte oder besser gesagt Schnitte an den Bäumen ist das beschriebene Trio aber vollkommen ausreichend.

Apropos erste Schnitte. Die Lärche wartet auf uns – und die Schere.

Die Schere haben wir in der Hand, aber was machen wir jetzt damit? Welche Schnitte sind richtig und wichtig, um für mehr Durchblick bei unserer buschigen Lärche zu sorgen?

Okay, legen wir los mit der Selektion. Dabei lautet eine erste Faustformel, dass die Äste und Zweige geschnitten werden, die wachsen. Die Schnitte erfolgen dabei genau am Ansatz des Asts oder Zweigs. Meist entstehen dabei kleinere Wunden, die problemlos verheilen. Sollte die Schnittwunde größer sein, kommt der bereits erwähnte Wundverschluss zum Einsatz. Als groben Anhaltspunkt für eine größere Wunde würde ich einen Durchmesser von einem halben bis ganzen Zentimeter nennen.

Aber warum müssen ausgerechnet diese Zweige geschnitten werden? Eine berechtigte Frage.

- Äste und Zweige, die unterhalb eines dickeren Asts wie im Bild wachsen, haben auf Dauer keine Chance auf ein gesundes Wachstum. Der Grund liegt schlicht und ergreifend am Lichtmangel. Bäume sind Kameraden, die die Fähigkeit besitzen, auszusortieren. Der starke Ast, der an Sonnenstrahlen kommt, wird gefördert. Der Ast im Schatten wird dagegen weniger versorgt und über die Zeit vom Baum selbst abgestoßen. Genau diesem Prozess greifen wir mit unserem Schnitt vor und der Baum kann sich auf die gewünschten Bereiche konzentrieren.

Nach unten,

in den „Achseln"

oder gerade nach oben

- Bei Zweigen, die aus den „Achseln“ wachsen, handelt es sich um Austriebe, die meinen, direkt neben, unter oder über einem bereits etablierten Ast wachsen zu müssen. Grundsätzlich keine schlechte Idee, die in der Natur auf lange Sicht erfolgreich sein kann. Bei unseren kleinen Bäumen sorgen diese „Konkurrenzzweige“ aber eher für eine unschöne Verdickung an Stamm oder Ast. Daher versuchen wir, dieses Szenario vom Start weg zu unterbinden.
- „Unschön“ trifft auch auf die Äste und Zweige zu, die sich dazu entschließen, geradewegs auf die Sonne zuzuwachsen. Ein Umstand, der bei Bäumen und Sträuchern im Garten ebenfalls zu sehen ist. Dort spricht

man von sogenannten „Wassertrieben“ und diese meist kerzengerade nach oben wachsenden Äste stören einfach die Optik.

Aber keine Regel oder Faustformel ohne Ausnahmen. Wir blicken kurz auf die Hainbuche zurück und erinnern uns an die Thematik „Opferäste“. Soll heißen, auch die eigentlich unerwünschten Äste und Zweige können einen Auftrag haben, wenn auch zeitlich begrenzt.

Bei der Lärche sind wir nun aber streng und selektieren rigoros aus, denn wir haben einen ganz jungen Baum auf dem Tisch stehen, der über massig triebfreudige Knospen verfügt und sein Leben als Bonsai erst vor sich hat.

Sind die Störenfriede beseitigt, lässt sich schon eine baumartige Gestalt erkennen, aber irgendwie ist da immer noch zu viel Holz am Stamm. Und so greifen wir zum Werkzeug und trennen uns von dem ein oder anderen Ast.

Ausgelichtet offenbart sich schon etwas mehr Baum.

Dabei achten wir wie bei der Hainbuche darauf, dass nicht mehrere Äste auf einer Höhe des

Tipp:

Da man bei der Gestaltung der Bonsai mit dem Faktor Zeit wirklich großzügig, fast schon verschwenderisch umgehen kann, darf zunächst gern etwas zurückhaltender vorgegangen werden. Ein zu schnell abgeschnittener Ast ist unwiderruflich entfernt und einfach mal weg.

Daher ergibt es besonders bei den ersten Bäumen durchaus Sinn, den Baum etappenweise zu bearbeiten, das Werk zu begutachten, die Eindrücke sacken zu lassen und erst dann den nächsten Schritt zu gehen.

Und versprochen, mit jedem Baum steigt die Erfahrung bei der Beurteilung des Ausgangsmaterials und damit die Sicherheit bei der Bearbeitung. Eine echte Routine wird es aber dennoch nie geben. Der Lernprozess bei diesem Hobby ist unendlich und zudem ist jeder Baum anders.

Stamms wachsen. Zudem sollte eine gewisse Symmetrie entstehen und der Lärche ein harmonisches Gesamtbild geben.

Die Lärche hat ihren ersten Friseurtermin gut überstanden und die grundlegenden Werkzeuge haben wir besprochen. Es wird Zeit, dass wir über ein Hilfsmittel reden, das untrennbar zum Thema Bonsai gehört. Reden wir über ... Draht!

Das Multitool der Bonsaibearbeitung

An diesem Zubehör geht bei der Gestaltung nun wirklich gar kein Weg vorbei, denn das Einsatzgebiet ist keineswegs nur das Drahten von Ästen und Zweigen. Nein, Draht ist ein Multihandwerkszeug und darf zumindest in den gängigsten Stärken nicht fehlen.

Lasst uns aber zunächst über das Material des Drahts reden. Das geht relativ schnell, denn es stehen zwei Varianten zur Verfügung: Kupferdraht und Aluminiumdraht.

Der Kupferdraht besteht natürlich aus selbigem und kommt vor allem an Koniferen zum Einsatz. Mit seiner bräunlichen Farbgebung passt er sich gut an, aber das ist nicht sein größter Vorteil. Der liegt eindeutig in der Kraft, denn ein Draht aus Kupfer ist deutlich stabiler. Damit wird weniger starker Draht benötigt, dieser ist damit unauffälliger und so selbst auf den Ausstellungen der Profis als Gestaltungszubehör akzeptiert.

Auch ich habe Kupferdraht im Einsatz, aber meine erste Wahl für den Schwung um die Bäume ist Aluminiumdraht, und das nicht nur, weil er günstiger ist.

Als Faustformel kann zunächst angenommen werden, dass man bei Alu ungefähr die doppelte Stärke des Kupferdrahts benötigt. Als Farben steht entweder braunes oder schwarzes Material zu Verfügung und die Stärken beginnen bei 0,5 bis hin zu 9 Millimeter für die ganz großen Aktionen am Baum.

Der größte Vorteil des Aludrahts ist für mich die einfache und fehlerverzeihende Handhabung. Während der Draht aus Kupfer mal in Biegung gebracht kaum noch flexibel ist, lässt Aluminium Korrekturen zu und ist damit für Starter in das Hobby bestens geeignet. Mit einer Stärke von 1, 2, 3 und 4 Millimetern ist man für die ersten „Drahtereien" vollkommen ausreichend ausgestattet.

Natürlich gibt es für eine der Königsdisziplinen bei der Bearbeitung kleiner Bäume ganz spezielles Werkzeug; dieses ist aber kein Equipment, das in der Erstausstattung zwingend erforderlich ist. Ganz unter uns, eine normale Beißzange oder Kombizange schneidet den Draht ebenfalls höchst zuverlässig.

Das Auge drahtet mit!

Aber wie bringt man das metallene Hilfsmittel nun sinnvoll an den Baum? Welche Art von Draht? Welche Stärke? Welche Äste? Was ist mit Draht möglich? Für wie lange bleibt der Draht am Baum?

Viele Fragen, für die es Antworten gibt, und natürlich kann man einfach mal loslegen. Der Draht liegt bereit, die zu bearbeitenden Äste und Zweige, vielleicht sogar der Stamm selbst sind festgelegt. Also ran an den Baum!

Funktioniert, geht aber viel besser.

Grundsätzlich erfüllt jeder Draht ab einer gewissen Stärke seinen Dienst. Egal ob man ihn um einen Zweig legt. Egal ob man einen Ast damit nach unten spannt. Aber es ergibt durchaus Sinn, sich ein wenig tiefer mit dieser wichtigen Technik zu beschäftigen.

Der Draht auf dem Bild wird seinen Zweck vermutlich erfüllen, zumindest auf den ersten Blick. Aber ästhetisch ist diese Drahterei nicht. Und zudem birgt schlecht angelegter Draht auch Gefahren für die behandelten Äste und Zweige, denn gut angelegt verringert sich beim Biegen und Drehen das Risiko eines Bruchs erheblich. Zudem ist solch ein Kuddelmuddel an Metall oftmals mit einer Verschwendung des Drahts verbunden. Muss nicht sein. Daher werfen wir einen genaueren Blick auf seinen Einsatz.

Aber was ist der Sinn und Zweck des Drahts?

Neben der reinen Gestaltung durch den Schnitt der kleinen Bäume, auch „clipp and grow“ genannt, werden Stamm, Äste und Zweige

Unauffälliger, weniger Draht und einfach schöner.

durch den Draht in die gewünschte Position geleitet. Seien wir an dieser Stelle ehrlich: nicht nur geleitet, sondern mitunter eher gebogen, gedrängt und gezwungen.

Der Hintergrund dieser erzieherischen Maßnahmen ist die Gestaltung des Bonsais sowohl in seiner Gänze, aber auch nur in Teilregionen. Die gedrahteten Äste und Zweige lassen sich mittels dieses Hilfsmittels in die gewünschte Stellung bringen. Dadurch können Freiräume ebenso kaschiert, wie Polster geschaffen werden. Verzweigungen werden aufgefächert, sogar ganze Ast- oder Stammverläufe in die gewünschte Position gebracht.

Der Vorteil der Bearbeitung mit Draht liegt neben der Möglichkeit einer sehr individuellen Gestaltung auf der zeitlichen Schiene. Die gewünschten Strukturen werden durch den Draht nicht nur klarer, sondern vor allem schneller definiert.

Alternativ kann diese Gestaltung auch einzig mit gezielter Schnitttechnik geschaffen werden. Dies benötigt, neben der erforderlichen Zeit, allerdings ein gutes Gefühl für den Baum und eine gehörige Portion Erfahrung. Natürlich ersetzt der Draht nicht

Bewegt der Draht den Ast, ist die Stärke ausreichend.

die Schere, denn bearbeitete Regionen werden dennoch, vielleicht sogar noch gezielter geschnitten.

Aber arbeiten wir die erwähnten Fragen ab und beginnen mit der Art und der Stärke des Drahts.

Meine erste Wahl ist die Variante aus Aluminium, wenn erhältlich gern in brauner oder bronzener Färbung, aber auch schwarzer Draht ist kein Problem. Ohnehin wird das dünne Metallzubehör nur temporär am Baum sein und eine Ausstellung ist ebenso noch in sehr weiter Ferne.

Reden wir also über die Stärke des eingesetzten Drahts. Es gibt einen denkbaren einfachen Trick, der zumindest bis zu einer Astdicke von 5 bis 7 Millimeter sehr hilfreich ist. Man schnappt sich ein Stück Draht und versucht damit, den zu bearbeitenden Ast zu bewegen. Bewegt sich bei diesem Versuch der Draht, ist er für die geplante Maßnahme eher zu schwach. Neigt sich aber das Holz dem Metall, haben wir zum richtigen Draht gegriffen. In der Praxis bewege ich mich gern auf der sicheren Seite und nehme lieber einen Millimeter mehr in die Hand.

Ist die benötigte Drahtstärke nicht greifbar, kann man den Ast ebenso mit zwei Drähten umschlingen, aber Achtung. Zwei Drähte mit jeweils vier Millimetern haben nicht die Power von acht Millimetern, sondern maximal von sechs.

Gut, die Stärke haben wir bestimmt, nun gilt es die Äste zu bestimmen, die in eine andere Position gebracht werden sollen. Hierzu betrachten wir unser Bäumchen, sofern noch kein konkreter Plan im Kopf herumschwirrt, von allen Seiten. Mittels der Hände werden die ausgewählten Äste und Zweige in die gewünschte Richtung geschoben und das Ergebnis gecheckt. Übrigens ein guter Zeitpunkt, um die generelle Beweglichkeit des Gehölzes zu testen.

Dann schnappen wir uns den noch aufgerollten Draht, legen

ihn über den zu bearbeitenden Ast und bestimmen die benötige Länge. Da wir den Draht in Windungen um den Ast wickeln, benötigen wir rund die anderthalbfache Astlänge. Aus Erfahrung kann ich erzählen, dass ein paar Zentimeter Puffer nicht schaden.

Das Stück Metall in der Hand, wird es nun spannend, denn jetzt geht es an den Baum.

Zunächst die wichtigsten Punkte im Überblick:

- Der Draht sollte an Stamm, Ästen und Zweigen durchgängig an der Rinde anliegen.
- Am Stamm fixiert, „verankert“ man den Draht im Substrat.
- Bei Ästen sollten immer zwei Äste mit einem Stück Draht bearbeitet werden. Bei Zweigen ist identisch vorzugehen.
- Beim Anbringen des Drahts wird eine Hand – die Ankerhand – genutzt, um den Draht am ersten Ansatzpunkt zu halten.
- Die zweite Hand, die Drahthand, legt den Draht um den Ast. Ist die erste Umdrehung des Drahts am Ast fixiert, rückt die Ankerhand vor und die Drahthand zieht die nächste Runde um den Ast.
- Der Draht wird mit einem Winkel zwischen 40 und 70 Grad angebracht. Ideal ist ein Winkel von 45 bis 50 Grad.
- Beim Drahten wird darauf geachtet, dass keine Knospen beschädigt werden.
- Bei der Bearbeitung von Nadelbäumen sollten keine Nadeln zwischen Ast und Draht liegen.

Die Arbeit mit dem Draht lässt sich am besten in Bildern darstellen, also schauen wir mal genauer hin.

Beginnen wir mit dem Draht, der um den Stamm gehen soll. Dieser wird nicht bei allen Bäumen benötigt, da sich der Stamm bereits mit einem ansehnlichen Schwung präsentiert oder auf-

Sicher im Substrat verankert, lässt sich der Draht gut um den Stamm legen.

Die linke Ankerhand fixiert, die rechte Hand wickelt den Draht.

Für jede nächste Umdrehung rückt die Ankerhand nach.

Auch der Weg nach oben erfolgt nach diesem Schema.

grund seiner Stärke nicht mehr gebogen werden kann.

Der Draht wird leicht schräg und möglichst tief in die Erde oder das Substrat gesteckt. Dabei liegt er schon am Stammansatz gut an. Nun wird im erwähnten Winkel um den Baum gewickelt. Dabei wird auf die vorhandenen Äste geachtet, ebenso schauen wir auf Knospen oder Triebe, die sich am Stamm befinden und noch benötigt werden. Kommen wir an eine solche Stelle, wird der Draht so verlegt, dass er nicht direkt über oder unter einem Astansatz liegt. Eventuell muss dafür der Winkel leicht geändert werden.

Bei der Bearbeitung des Stamms ist der Draht im Boden verankert; diese Funktion wird beim Verdrahten der Äste durch die Ankerhand übernommen.

Der angebrachte Draht kann aber deutlich mehr als nur die reine Bewegung von oben nach unten. Ein Ast sieht mit der ein oder anderen Biegung in sich selbst deutlich interessanter aus. Vor allem um schöne Polster mit viel Vo-

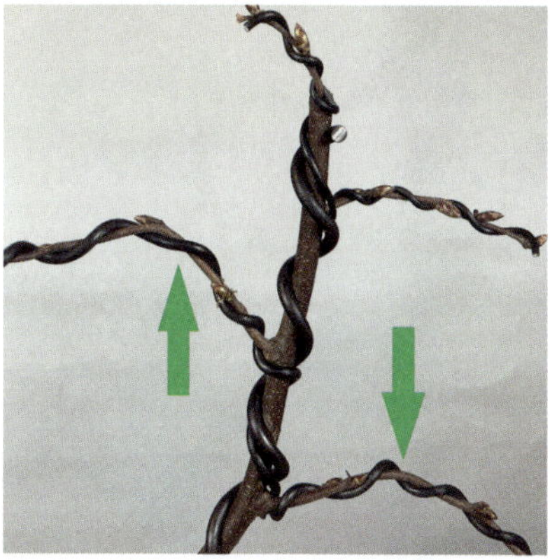

Es werden immer zwei Äste mit einem Draht bearbeitet.

Mithilfe des Drahts kann der Ast nach oben oder unten bewegt werden.

lumen zu erzeugen, wird er daher zusätzlich mit ein paar Schwüngen versehen. Durch diese Maßnahme erhält der Baum insgesamt einen eindrucksvolleren Charakter und gleichzeitig wird die Verzweigung lichtdurchlässiger.

Idealerweise setzt man eine solche Biegung, einen solchen Schwung an einer Stelle an, an der sich der Baum ohnehin schon für eine Verzweigung entschieden hat. Bei jungen Bäumen, aber ebenso bei Trieben kann eine frische Knospe bereits ein Signal für einen zukünftigen Zweig sein.

Die häufigsten Fehler im Umgang mit Draht:

- Der Draht wird mit einem zu kleinen oder großen Winkel angelegt.

Aber auch in sich selbst. Dadurch werden lange gerade Äste optisch interessanter.

- Der Draht liegt in großen Schlingen um den Ast.
- Zwei parallele Äste werden miteinander gedrahtet und es entsteht eine „Schaukel".
- Der Draht ist am Astansatz falsch angebracht und es droht Bruchgefahr.

Dieser Ast einer Kiefer war kerzengerade. Dank des Drahts wurde er nicht nur nach oben und unten gebogen, sondern auch mit Schwüngen versehen.

Tipp:

Der Umgang mit Draht ist kein Hexenwerk. Es erfordert schlicht und ergreifend Übung. Daher ist es sinnvoll, an einem abgeschnittenen Ast eines Baums oder einer Hecke zu trainieren. Es muss allerdings ein frischer und damit lebender Ast sein. Die Übungen an abgestorbenen und trockenen Ästen führen zwangsläufig zu dem Szenario, das wir bei der Arbeit mit Draht unbedingt vermeiden möchten: dem Brechen des Astes.

Aber nicht nur für das Anlegen des Drahts eignen sich Testzweige. Man kann an ihnen auch sehr gut die Grenzen des Holzes ausloten und ein Gefühl für das Biegen und Drehen der Äste bekommen.

Einmal richtig, zweimal nicht so ganz:

- Der oberste Ast ist viel zu locker gedrahtet. Dies sieht nicht nur unschön aus, sondern erfüllt nicht den gewünschten Effekt. Eine nachhaltige Biegung wird nur schwerlich an den Ast kommen.

- Der mittlere Ast ist viel zu eng gedrahtet. Dabei wird augenscheinlich nicht nur jede Menge Draht verschwendet, sondern auch die Bewegungsfreiheit des Astes eingeschränkt. Bei stärkeren Biegungen steht sich der Draht selbst im Weg.
- Der unterste Ast ist sehr gut gedrahtet. Der Draht liegt an der Rinde an, auf die Knospen wurde geachtet.

Tipp:

Wenn der Ast nach der Bearbeitung zwar eine gute Biegung hat, aber nicht gänzlich auf dem gewünschten Weg nach unten, oben, links oder rechts ist, kann der Draht ebenfalls ein nützliches Helferlein sein.

Mittels eines Spanndrahts, der zwischen Stamm und Ast, aber ebenso von Ast zu Ast und auch vom Ast zum Pflanzgefäß gezogen wird, kann die gewünschte Bewegung unterstützt werden. Dies funktioniert in alle Richtungen und bei langen Ästen auch mehrfach.

Die wichtigsten und grundlegenden Informationen zum Thema Draht haben wir damit intus. Also schauen wir mal, wie sich unsere kleine Lärche mit „Metallgerüst“ präsentiert.

Wie frisch erlernt, haben wir die japanische Lärche gedrahtet. In diesem Beispiel nur die Äste, denn der Baum soll ein eher aufrechtes und gerades Erscheinungsbild bekommen.

Jeweils zwei Äste sind mit einem Stück Draht verbunden, die Verankerung des Drahts ist über den Stamm erfolgt.

Nun können wir dem Bäumchen ein natürlicheres Erscheinungsbild verpassen. Für gewöhnlich wachsen die Äste bei Nadelbäumen nach einem kurzen Schwenk nach oben wieder in Richtung Boden. Dies ist vor allem der Tatsache geschuldet, dass die Nadelpolster im Win-

Die Lärche mit Draht.

ter vom Schnee nach unten gedrückt werden und in dieser Position verharren. Aber das hatten wir bereits kurz angesprochen.

Ein gerade für Bonsai-Neulinge bestens geeignetes Video zu diesem Projekt findet sich auf meinem YouTube-Kanal mit dem Titel „Start mit Lärche“ unter https://youtu.be/AzCEFMPE1wo.

Es ist daher ratsam, mit einer Drahtschere oder -zange anzugreifen. Und hier bietet sich das bereits angesprochene Spezialwerkzeug an. Die Zange verringert mit ihrer Form die Gefahr, dass neben dem Draht auch gleich der ganze Ast entfernt wird. Daher ist diese Drahtzange für Bonsaianer mit vielen gedrahteten Bäumen ein durchaus empfehlenswertes Werkzeug.

Dünner Draht kann mit gebotener Vorsicht auch wieder „abgewickelt“ werden. Dabei geht man entgegen der Vorgehensweise bei Drahten zu Werke und arbeitet erneut mit der Ankerhand, die nach jeder Drehung weiterwandert. Aber Vorsicht, Blüten, Blätter, Knospen und frische Zweige brechen schnell!

Die Lärche hat nun die erste Gestaltung überstanden. Wie

Achtung:

Ideal verarbeitet, schmiegt sich der Draht eng an den Ast, doch diese Nähe kann auf Dauer Folgen haben. Im Gegensatz zu unseren optischen Wünschen, hat der Baum einen anderen Plan. Er will und er wird wachsen. Mitunter recht schnell.

Dieses Wachstum geht der Draht allerdings nicht mit. Nein, im Gegenteil, er steht der Verdickung des Astes kräftig im Weg und das kann Spuren hinterlassen. Kräftige und vor allem sehr unschöne Spuren. Besonders bei Laubbäumen sehen die Furchen, die der Draht in die Rinde regelrecht frisst oder beißt, nicht gut aus. Und sind sie erst mal vorhanden, haben sie die schlechte Angewohnheit, zu bleiben.

Daher gilt es vor allem in den Wachstumsperioden auf den Draht zu achten. Und wird der Kontakt zur Rinde zu intensiv oder regelrecht aufdringlich, sollte der Draht entfernt werden. Kein einfaches Unterfangen. Denn im Gegensatz zum Anlegen im Herbst oder Winter, sind nun Blätter oder Blüten im Weg.

schon bei der Hainbuche, hat sich das Bäumchen nun eine Erholungsphase verdient. Anfangs ebenfalls ohne direkte Sonneneinstrahlung im schattigen Bereich. Nach ein paar Wochen darf der Platz dann gern gewechselt werden, denn Lärchen lieben Helligkeit und Wärme.

Punktgenau mit der Drahtschere.

Zwei Bäume sind nun auf dem Weg. Allerdings lediglich, was den sichtbaren Bereich oberhalb der Erde betrifft. Jetzt wird es Zeit, dass wir in den Untergrund gehen. Der Fokus richtet sich auf die Wurzeln, das Umtopfen und natürlich die besten Gefäße für unsere neuen Lieblinge.

Verborgen, aber extrem wichtig – die Wurzeln!

Okay, über den Stamm- oder Wurzelansatz haben wir schon gesprochen. Allerdings eher mit Blick auf die Optik. Aber gehen wir noch eine Etage tiefer. Direkt in die Erde, unmittelbar in das Substrat, denn es wird Zeit, sich mit den Wurzeln zu beschäftigen.

Das Aufgabengebiet der Wurzeln ist umfangreich. Sie sind das Fundament, der Versorger, die Batterie und der Schadstoffentsorger unserer Bäume. Kurzum, das Herz des Baums schlägt unter der Oberfläche und will entsprechend verstanden und betreut sein.

Durch die Verwandlung zum Bonsai greifen wir recht heftig in dieses über Tausende von Jahren entwickeltes System ein. Und das eher zu seinem Nachteil, denn eigentlich sind Bäume nicht für das Leben im begrenzten Raum geschaffen. Aber der Reihe nach.

Meterlange Wurzeln, sowohl in die Breite, aber auch in die Tiefe geben den Bäumen in der Natur zunächst einen sicheren Halt. Vor allem die bei vielen Baumarten vorhandene Pfahlwurzel ist das Fundament, der Anker. Dazu kommen die Wurzeln, die sich in die Breite entwickeln. Sie fangen die zunächst wichtigste Nahrung des Baums auf, das Wasser. Zudem gelangen Mineralien und Sauerstoff durch die Wurzeln in den Baum.

Vor allem in der kalten Jahreszeit, wenn sich die Bäume in einer Ruhephase befinden, sind die Wurzeln der Energiespeicher, die Batterie. Aus den Ressourcen dieses Speichers erfolgt im Frühjahr der Austrieb und sorgt damit für den neuerlichen Kreislauf durch das Jahr.

Genau wie oberhalb der Erde steht auch darunter vom Frühjahr bis in den Herbst das Wachstum im Mittelpunkt. Eine stetige, eigentlich unendliche Expansion ist gegeben und die Triebfeder. Während die Äste und Zweige zur Sonne wachsen, sind auch die Wurzeln stetig auf der Suche nach neuen Energiequellen. So ist es wenig verwunderlich, dass sich das Wurzelsystem eines Baums gar nicht so sehr vom Astgerüst über der Erde unterscheidet.

In dieses Gewirr aus dicken, langen, aber auch feinen Wurzeln greifen wir bei unseren Bäumen in der Schale kräftig, fast schon extrem, ein. Klingt sehr dramatisch, ist es irgendwie auch. Aber letztlich kann man den Bäumen selbst auf kleinem Raum alles bieten. Doch dabei gilt es ein paar Dinge zu beachten und den Baum darauf ein- und umzustellen, ihn regelrecht umzuerziehen. Ein Prozess, der genau wie im oberen Bereich Zeit und damit Geduld erfordert.

Aber holen wir doch einfach mal unsere Hainbuche aus dem Plastiktopf und schauen genauer hin.

Der Blick auf die Wurzeln

Aus dem Behältnis ist das Bäumchen schnell befreit, schließlich haben wir schon beim Einkauf

Rechen, Kralle, Schere und Essstäbchen. Bereit für die Erdarbeiten.

einen Blick auf die Wurzeln geworfen. Doch nun gehen wir einen Schritt weiter. Aus dem visuellen Eindruck soll deutlich mehr werden.

Zunächst sehen wir einen meist kompakten Wurzelballen, der mit der darin befindlichen Erde die Form des Plastiktopfes angenommen hat. Wir wissen, dass das ein gutes Zeichen ist, denn damit steht unser kleiner Baum bereits länger im Topf und konnte sich entwickeln.

Diesen Ballen werden wir jetzt aber regelrecht auseinandernehmen und dazu eignen sich spezi-

Mittels Kralle und Rechen wird der Ballen gelockert. Bereit für die Erdarbeiten.

Die Buche hat viele Feinwurzeln. Wir können großzügig schneiden.

Die dicke Pfahlwurzel steht der Entwicklung im Weg.

elle Werkzeuge. Aber keine Bange, ihre Anzahl ist überschaubar und in den meisten Haushalten vorhanden. Einen guten Dienst erweist uns zunächst das inzwischen bestens bekannte Essstäbchen. Hilfreich sind zudem eine Wurzelkralle und ein kleiner Rechen. Da wir uns definitiv von der ein oder anderen Wurzel trennen werden, ist auch eine scharfe Schere griffbereit. Aber bitte nicht die nagelneue für die Bearbeitung der Äste und Zweige.

Für die ersten Lockerungen im Wurzelballen nehmen wir die Wurzelkralle zur Hand. Wir arbeiten uns kraftvoll, aber dennoch vorsichtig von außen nach innen vor.

Wird das Wurzelwerk mit der Zeit etwas luftiger, gehen wir genau in die andere Richtung vor, denn nun „kämmen" wir die Wurzeln regelrecht nach außen. Der Sinn dieser Maßnahme liegt darin begründet, dass die Wurzeln der Hainbuche immer weiterwach-

Tipp:

Die große Frage lautet natürlich immer: Wie viele Wurzeln können entfernt werden? Eine einheitliche Antwort gibt es darauf leider nicht.

Das Motto sollte daher lauten: „Lieber ein bisschen mehr dran lassen." Vor allem die Feinwurzeln dürfen gern umfangreich am Baum bleiben. Weniger Sorgen muss man sich um die dicken und starken Wurzeln machen. Sind allerdings nur feine Wurzeln vorhanden, sind sie überlebensnotwendig.

Klingt ziemlich kompliziert, oder? Ist es aber nicht, denn man bekommt sehr schnell ein Gefühl für die benötigte Wurzelmenge, und auch eine gute Portion gesunder Menschenverstand hilft. Ein Baum mit einem halben Meter Höhe wird mit zwei oder drei Wurzeln nur schwerlich am Leben bleiben.

sen, aber im Topf an ihre Grenzen stoßen. Dabei verwirren sich die Feinwurzeln ein wenig, während die langen Wurzeln auf der Suche nach neuem Raum gern kreisförmig im Gefäß wachsen.

Zur Entwirrung der Wurzeln eignet sich neben dem kleinen Rechen auch das Essstäbchen sehr gut. Nicht vergessen, Vorsicht und keine Hektik, wir arbeiten am offenen Herz unseres Baumes und greifen seine Lebensadern an.

Von einem Teil dieser Adern werden wir die Hainbuche nun aber befreien. Wenn der Baum im Zentrum über eine Vielzahl an kleinen und sehr feinen Wurzeln verfügt, ist dies auch kein Problem. Denn genau diese Feinwurzeln sind die Hauptversorger unseres zukünftigen Bonsai. Anders verhält es sich mit den ganz langen, sich windenden Wurzeln im Topf und daher können wir hier zur Schere greifen und sie entfernen. Gleiches gilt für die dicken Wurzeln, die meist über wenig

Der Rest der Wurzeln ist für die Entwicklung unserer Hainbuche mehr als ausreichend.

Achtung:

Dieser Hinweis ist sehr kurz, aber dennoch sehr wichtig!

Ohne den Schutz der Erde sind vor allem die lebensnotwendigen Feinwurzeln zwei großen Gefahren ausgesetzt. Sonne und Wind können bei diesen dünnen, filigranen und empfindlichen Wurzeln sehr schnell zum Austrocknen führen. Und eine vertrocknete Wurzel ist eine tote Wurzel.

Daher bitte immer für Feuchtigkeit sorgen. Eine haushaltsübliche Sprühflasche mit Wasser leistet hier beste Dienste. Wird der Wurzelballen zudem noch in ein feuchtes Tuch gebettet, droht den Feinwurzeln keine Gefahr mehr.

Feinwurzeln verfügen. Diese starken Wurzeln dienen dem Baum in der Natur für den festen Halt im Boden. Dafür sind aber zukünftig wir verantwortlich.

Gereinigt, geschnitten und gut sortiert, steht unsere Hainbuche jetzt mit mehr oder weniger blanken Wurzel vor uns. Und ja, um uns herum liegen neben der Erde auch jede Menge wichtiger Versorgungsadern unseres Baums. Aber keine Panik, die Menge an Feinwurzeln reicht unserem kleinen Bäumchen vollkommen aus.

Zudem sind wir dem Baum nicht nur unter der Erde an die Substanz gegangen, sondern haben im oberen Bereich mit dem Schnitt von Ästen und Zweigen die Zahl der Verbraucher reduziert.

Ein Verhältnis, auf das immer geachtet werden sollte. Denn eine gesunde Balance zwischen Baum und Wurzeln sorgt für ein gesundes und damit auch schnelleres Wachstum. Und das wiederum über und unter der Erde.

Die erste Bearbeitung der Wurzeln offenbart uns aber noch ein weiteres Geheimnis. Erinnern wir uns an den Einkauf der Hainbuche und an das Abtasten nach den ersten Wurzeln. Nun haben wir einen freien Blick auf den Stamm- und Wurzelansatz.

Bei diesem Bäumchen haben wir einen Treffer gelandet. Fünf oder sechs Wurzeln bilden auf gleicher Höhe einen schönen Kranz. Der Grundstein für ein großartiges Nebari ist vorhanden.

Aber was machen wir jetzt mit dem Bäumchen? Es kann ja nicht ewig in seinem feuchten hellblauen Handtuch stehen bleiben.

Umtopfen, raus aus dem Topf und rein in …

Ja, aber wo setzen wir unsere Bonsaiaspiranten nun hinein? Gehört der kleine Baum gleich in eine Schale und ist er dann auch gleich ein echter Bonsai? Oder gibt es sinnvollere Alternativen? Viele Fragen, kümmern wir uns mal um die Antworten.

Schale oder doch etwas anderes?

Ganz klar! Ab in eine Schale! Ab in eines dieser so schön bunten Keramikgefäße, das meistens auch so hübsche kleine Füßchen hat. Diesen Weg bin ich am Anfang meiner Bonsai-Leidenschaft eigentlich immer gegangen. Aber je länger ich dabei bin, je besser ich die Bäume verstehe und je mehr der Weg zählt und nicht der schnelle Anblick, umso häufiger ist die Schale keine Option als erstes Gefäß.

Im Gegenteil. Inzwischen hole ich viele meiner Projekte wieder aus der Schale heraus und setze sie in einen anderen Pott. Dieser Schritt ist zwar rein optisch meist eine Verschlechterung, aber für die Entwicklung des Baums sicherlich der richtige Weg.

Letztlich ist die entscheidende Frage bei der Wahl der neuen Unterkunft für unsere Bäumchen, wohin die Reise gehen soll. Ist man mit dem aktuellen Erschei-

Eine schöne Schale verleiht dem Bonsai das i-Tüpfelchen. Aber gleich von Beginn an?

nungsbild schon zufrieden, setzt man die eigentliche Bedeutung des Wortes Bonsai einfach knallhart um und kreiert einen Baum in der Schale. Besonders bei reiferen, bereits vorgestalteten und vermeintlich fertigen Bäumen ist diese Taktik sicherlich eine Überlegung wert und ein guter Weg.

Nehmen wir nun aber unsere Hainbuche und die Lärche zur Hand. Und ja, die Lärche würde in einer netten Schale auch schon richtig putzig aussehen. So mit grünen Nadelnestern, klein, fein und definitiv schön. Aber eigentlich wollen wir bei beiden Projekten noch richtig vorwärtskommen, einen dickeren Stamm erzeugen, für Feinverzweigung sorgen und eventuell auch noch in die Höhe wachsen.

Genau die Geschichte mit dem Wachsen ist der springende Punkt. In der Schale wird das ebenfalls passieren, aber eben recht langsam und eher verhalten. Daher versuchen wir es doch mit einem Gefäß, das bei unseren Bäumchen den biologischen Turbo zündet. Aber stopp! So einfach geht es dann doch nicht.

Blicken wir ein paar Seiten zurück und erinnern uns an die Komponenten und Ressourcen, die den Bäumen in der Natur zur Verfügung stehen. Ausreichender Platz ist unser erster Punkt. Nach oben sind ohnehin keine Grenzen gesetzt. Die Wurzeln müssen sich allerdings mit weniger begnügen, daher greifen wir zu einem Behältnis, das Freiräume für Wachstum bietet.

Natürlich brauchen unsere Projekte Wasser, mitunter viel, manchmal sogar sehr viel Wasser. Zu feucht oder gar triefend nass mögen es die (meisten) Baumarten dagegen gar nicht. Daher sollte unser Gefäß so konzipiert sein, dass sich die wichtige Flüssigkeit nicht darin aufstaut. Ein Ablaufloch im Boden des Behältnisses ist daher oberste Pflicht.

Sauerstoff ist der nächste wichtige Parameter, um einen gesunden und kräftig wachsenden Baum zu erhalten. Moment, Sauerstoff unter der Erde? Ja, das geht. Und wie kommt der dort hin? Über verschiedene Wege, von denen wir jedoch zwei recht einfach beeinflussen können.

Der natürlichste Eintrag von Sauerstoff erfolgt über den Regen oder das Gießen. Das in die Erde oder das Substrat eindringende Wasser schiebt die alte Luft nach unten und zieht beim Abfließen neue nach. Eigentlich ganz einfach.

Bei Gefäßen, die zudem seitlich nicht komplett verschlossen sind, kommt weiterer Sauerstoff an die Wurzeln. Und die bemerken das, denn sie wachsen sehr gern in diese Richtung, zumal es dort in der Wachstumsperiode auch ein bisschen wärmer ist.

Aber werfen wir einen kurzen Blick auf die beschriebenen Behältnisse.

Und ja, sie haben weder die Grazie noch die Anmut einer schönen Keramikschale und schaffen es in keine Ausstellung. Aber sie erfüllen zu dem Zeitpunkt der Entwicklung ihre Aufgabe. Sicher nicht mehr, aber eben auch keinesfalls weniger.

Meine bevorzugten Töpfe für das Wachstum sind klar definiert. Natürlich liegt es nahe, dass man als Teichbesitzer Unmengen an Teichpflanzkörben besitzt. Komischerweise stehen in meinen Teichen aber keine Handvoll dieser löchrigen Kunststoffgefäße. Auf den Regalen und Mauern oder auf dem Boden dagegen sehr viele. Rund zwei Drittel meiner Projekte stehen in diesen echten Wachstumsgefäßen. Hinzu kommen die vielen verschiedenen Größen und die Wahl zwischen rund und eckig.

Ohne Zweifel ist der Name Teichpflanzkorb für mich falsch

Luftig, wasserdurchlässig, leicht, vielseitig und dazu günstig, der Teichpflanzkorb.

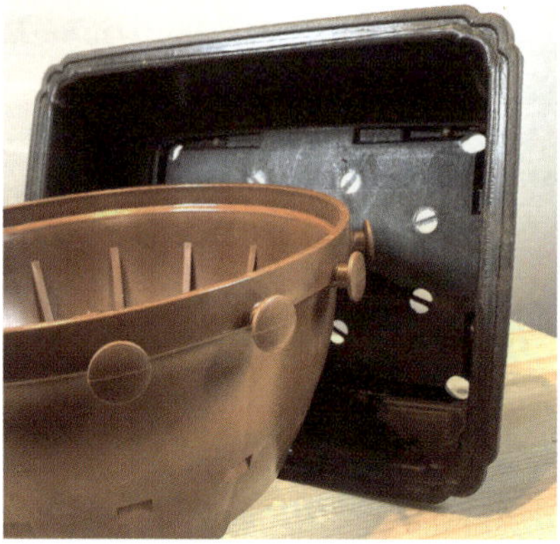

Die Klassiker aus dem Fachhandel. TiePot (vorn) und Trainingsschale (hinten).

gewählt, denn es müsste „Bonsaipflanzkorb" heißen.

Neben diesem Produkt gibt es zudem viele Alternativen. Im Fachhandel werden Trainingsschalen angeboten, die sehr stabil sind, mehrere Abzugslöcher besitzen und mit ihrer Höhe mehr Platz für Wurzelwachstum bieten. Eines meiner Lieblingsgefäße ist der sogenannte „TiePot", der mir mit seinen Knubbeln zudem die Möglichkeit bietet, Äste und Zweige einfach zu spannen.

Es geht auch wirklich skurril. Einige meiner Bäumchen haben es tatsächlich in ein ausrangiertes oder als Sonderangebot erworbenes Nudelsieb geschafft. Die ganz großen Projekte finden sich schon mal in einem Bäckerkorb wieder.

Aber letztlich haben alle diese Gefäße eines gemeinsam. Sie bieten Platz, stauen keine Nässe und sorgen für einen stetigen Austausch des Sauerstoffs.

Gut, die Möglichkeiten bei den Behältnissen haben wir damit geklärt, aber fehlt da nicht noch was?

Das Substrat und die Glaubensfrage

Ganz ehrlich, ich habe zu diesem sehr wichtigen Thema noch nie ein spezielles Video veröffentlicht. Nicht weil ich dazu keinen Standpunkt habe, denn ich habe einen. Aber es gibt so viele Meinungen zum Thema Erde oder, wie der Bonsaianer besser sagt, dem „Substrat". Unendliche Diskussionen, zig Philosophien und noch mehr Empfehlungen sind bei dieser hochsensiblen Frage im Umlauf. Somit ist die Suche nach der besten Substratmischung für die kleinen Bäume eine echte Glaubensfrage.

Nähern wir uns der Thematik also entsprechend vorsichtig, eher behutsam und überlegen uns, welche Ansprüche wir an das Substrat stellen.

Das Substrat sollte:

- Wasser aufnehmen und speichern
- allerdings kein Wasser anstauen
- Platz für Sauerstoff bieten
- die wechselnden Jahreszeiten mit Trockenheit, Nässe und Frost überstehen
- oder einfach den Wurzeln ein angenehmes Umfeld bieten

Aber gibt es so etwas überhaupt?

Ein beruhigendes Ja! Und zwar mehrfach, aber wie so oft im Leben kommt es mitunter auf die Mischung an. Jedes der gleich genannten Substrate kann den Bäumen durchaus als Alleinunterhalter eine mögliche Heimat bieten. Der Königsweg liegt aber in einem ausgewogenen Verhältnis, das zu den eigenen Bäumen passt, aber ebenso dem Umfeld, das wir zur Verfügung stellen können, gerecht wird.

Und nein, es ist nicht diese dunkle, pampige und oft schimmlig aussehende Substanz, die wir von den bemitleidenswerten kleinen Bäumen kennen, die in Baumärkten oder bei Discountern zum Verkauf angeboten werden. Leider ist es aber auch nicht die „Bonsaierde" aus dem Gartencenter. Diese mag für Indoor-Bonsai ihren Zweck erfüllen, aber für unsere Bäume in der freien Wildbahn lassen wir diese zudem überteuerte „Spezialerde" besser im Regal stehen.

Lasst uns einfach mit dem Klassiker, dem traditionsreichsten, dem aus der Wiege der Bonsaikunst stammenden Substrat starten.

Akadama

Die Mutter der Substrate kommt aus Japan und besteht aus einem hart getrockneten und gebrannten Lehmgranulat. Es wird speziell für unsere Bonsai hergestellt, besticht durch seine gute Durchlässigkeit und verhindert damit

unerwünschte Feuchte im Pflanzgefäß. Hinzu kommt die optische Komponente, die zudem eine praktische Nebenfunktion hat. Akadama zeigt uns an, wann zur Gießkanne gegriffen werden sollte. Ist es hell, braucht das Bäumchen mit hoher Wahrscheinlichkeit Wasser.

Ein Nachteil ist neben dem Preis die keineswegs unendliche Lebenszeit dieses Substrats. Vor allem Frost kann Akadama zu schaffen machen und sorgt dafür, dass es zerfallen kann. Dadurch entsteht Staub und genau dieser feine Lehm kann dem Klassiker seine eigentlich hervorragende Durchlässigkeit nehmen.

Kiryu

Wie Akadama ist auch Kiryu ein spezielles Substrat, das aus Japan importiert wird. Es besteht aus Vulkangestein, ist heller und bietet eine gute Stabilität. Besonders bei Koniferen wie Kiefern oder Wacholder, aber auch bei Lärchen kommt diese Komponente oft mit in die Mischung.

Zudem wird Kiryu oft als Vitaminerde bezeichnet, denn besonders bei schwächelnden Nadelbäumen kann der Einsatz dieses Substrats für neue Energie sorgen. Genau hierfür setze ich Kiryu bei meinen kleinen Bäumen am liebsten ein. Ebenso erhalten Koniferen, die schon etwas weiter in der Entwicklung sind und daher nicht mehr so oft umgetopft werden müssen, einen Anteil dieser Vitaminerde.

Bims

Ein heimisches Produkt ist die dritte Alternative für ein bonsaitaugliches Substrat. Bims ist ein schwammartiges Vulkangestein, das Wasser und Nährstoffe sehr gut aufnehmen kann.

Da Bims sehr, wirklich sehr formstabil ist und zudem für viel Luftdurchlässigkeit sorgt, ist es ein äußerst beliebtes Produkt. Und das zurecht, denn die Eigenschaften von Bims sorgen für gutes und gesundes Wurzelwachstum. Vor allem bei jungen oder sich im Aufbau befindenden Bäumchen setzen viele Bonsaianer sogar auf einen puren Einsatz dieses Substrats.

Lava

Mit seiner Stabilität, der hervorragenden Eigenschaft, Wasser zu speichern, sollte Lava eigentlich in keiner Substratmischung fehlen. Zudem ist es sicherlich die günstigste Zutat für die Wurzeln unserer Bäume und sehr einfach zu bekommen.

Nicht zu vergessen, dass Lava ganz nebenbei auch wichtige Nährstoffe enthält.

Perlit

Der fünfte mögliche Baustein in unserer zukünftigen Substratmischung hat auf den ersten Blick nur wenig mit Bonsai zu tun. Perlit ist ein Baustoff, der in jedem gut sortierten Baumarkt säckeweise erworben werden kann. Denn eigentlich dient Perlit im Hausbau als Wärmeisolierung und Schüttmittel.

Das sehr geringe Gewicht, die gute Speicherfähigkeit für Wasser und die Stabilität machen dieses Produkts zu einer echten Alternative bei den kleinen Bäumen in der Schale.

Einen Nachteil hat Perlit nicht, lediglich die fast weiße Färbung sorgt für einen kleinen optischen Minuspunkt. Den Bäumen ist das aber ziemlich egal.

Diese Aufzählung ist übrigens keineswegs abschließend! Es gibt noch einige andere Optionen. Teilweise sehr ähnlich, teilweise eher abenteuerlich – oder nennen wir es besser kreativ. Erlaubt ist, was funktioniert, und der Erfolg lässt sich am Wachstum der Bäume recht einfach erkennen. Aber

Achtung:

Die genannten Substrate sollten nicht einfach so verarbeitet werden. Da alle einen mineralischen Ursprung haben, neigen sie zu einem gewissen Abrieb, der zu Staub in den Verpackungen führt.

Dieser Staub steht allerdings in einem totalen Konflikt zu unserem Ziel, ein wasser- und luftdurchlässiges Substrat zu verarbeiten, denn er sorgt regelrecht für Verstopfungen. Daher ist es mehr als sinnvoll, die erworbenen Produkte vor dem Einsatz auszusieben. Hierfür gibt es im Fachhandel spezielle Siebe, die mit verschiedenen Rastern für unterschiedliche Körnungen sorgen können.

Für das reine Entfernen des Staubs reicht aber auch ein ausrangiertes Küchensieb.

hier soll es lediglich um die Zutaten gehen, zu denen ich eigene Erfahrungen habe.

Damit haben wir nun eine Handvoll Alternativen für unsere Substratmischung, die bisher aus mineralischen Stoffen besteht. Eigentlich ausreichend, aber ein klein bisschen organische Zusätze dürfen es gern auch sein. Hierfür eignet sich etwa Kokosfasererde, aber auch normale Blumenerde. Besonders durstige Pflanzen freuen sich zudem über klein geschnittenes Sphagnummoos in der Schale oder im Pott. Aber wie sieht nun die optimale Mischung dieser Zutaten aus?

Jetzt kommen wir an einen Punkt, der eine pauschale und einheitlich umsetzbare Lösung nicht zulässt. Wir kehren ein Stück an den Anfang des Buchs zurück, denn nun geht es um

- die Region,
- den Standort
- und zu guter Letzt um uns als Bonsaibesitzer selbst.

Um dieses wichtige Thema besser zu erläutern, klopfen wir die drei Punkte kurz ab.

Die Region

Nasser Norden, trockener Osten oder warmer Süden, alle drei Regionen benötigen ihre individuelle Beachtung.

Wohnt man in einer regenreichen Gegend, sollte das Hauptaugenmerk auf ein gut durchlässiges Substrat gelegt werden. In den trockenen und warmen oder gar heißen Gebieten ergibt der Zusatz von organischen Stoffen durchaus Sinn, da sie Wasser einfach länger speichern können.

Der Standort

Ist meine Bonsaiecke im Garten oder auf meinem Balkon auf der Nord- oder Südseite? Stehen meine kleinen Bäume eher schattig oder bekommen sie die volle Ladung Sonne ab? Und wie sieht es bei Regen aus? Sind die Bäume geschützt oder stehen sie oft im Nassen?

Letztlich lässt sich diese Standortanalyse von der Region gut ableiten, denn die Hauptfaktoren lauten Licht und Wasser. So kommen wir zu dem Schluss, dass bei einem sonnigen und trockenen Standort ein Anteil organischer Stoffe nicht schadet.

Der Bonsaibesitzer

Kommen wir zum Faktor Mensch und damit zu unserer ganz individuellen Lebensweise. Hier ergeben sich massenhaft verschiedene Szenarien. Arbeit, Familienleben, Abwesenheit, Urlaube, andere Hobbys. Es ergeben sich viele, sehr viele unterschiedliche Varianten, die aber alle auf zwei Punkte zu reduzieren sind, nämlich Zeit und Verfügbarkeit. Natürlich geht es erneut und vor allem um die Geschichte mit dem Wasser.

Lässt es mein Job zu, dass ich meine kleinen Bäume jeden Tag und im Sommer morgens und abends gießen kann? Wenn nicht, dann kommt Organik in den Pott.

Habe ich die Zeit und den Platz, die Bäumchen bei einer länger anhaltenden Regenphase ins Trockene zu stellen? Nicht? Dann haben wir vor allem eine gute Durchlässigkeit und Drainage des Substrats im Blick.

Obwohl wir jetzt nur sachte an der Oberfläche gekratzt haben, wird klar, warum es keine Einheitslösung geben kann. Da dieses Buch auf meinen Erfahrungen aufbaut, schildere ich meine Gegebenheiten und den Umgang damit.

Mit einem schönen, aber subjektiv betrachtet viel zu kleinen Garten habe ich mehrere Standorte für meine Bäume und Projekte. Schattige, halbschattige und sonnige Plätze stehen zur Verfügung und in der Regel kann ich jeden Tag zur Gießkanne greifen. Daher spielt das Thema organische Zusätze bei mir eine sehr untergeordnete Rolle. Lediglich die ganz durstigen Kameraden bekommen 5 bis 10 % Erde oder Moos in den Topf, da ich zwei Gießeinheiten nicht immer gewährleisten kann.

Apropos Prozente. Wie sieht denn nun das Mischverhältnis für die einzelnen Stoffe aus?

Eigentlich ganz einfach und bitte greift jetzt nicht zur Waage oder einer sonstigen zuverlässigen Messeinrichtung. Wenn ich mein Substrat anrühre, nehme ich eine kleine Schaufel oder einen Becher zur Hand. Und dann wandern bei nahezu allen meinen Bäumen

- ein Drittel Akadama, bei Nadelgehölzen auch gern Kiryu,
- ein Drittel Bims,
- ein Drittel Lava

in Topf oder Schale. Lediglich bei Rohlingen aus dem Baumarkt, den Kleinanzeigen oder dem Wald, ersetze ich seit kurzer Zeit das Akadama durch Perlit. Diese

Akadama, Bims und Lava. Meine Lieblingsmischung.

Bäume stehen in einem Wachstumsgefäß und mein Geldbeutel ist mir hier wichtiger als die Optik. Schwabe halt!

Bleibt die Größe unserer Zutaten. Alle Produkte werden in verschiedenen Korngrößen angeboten. Bei Akadama und Kiryu macht man bei 5 bis 10 Milli-

Tipp:

Wenn man ganz am Anfang des Hobbys steht, ist es durchaus sinnvoll, im Bonsai-Fachhandel nach Fertigmischungen Ausschau zu halten. Gut sortierte Geschäfte bieten oft eine Hausmischung für Laub- oder Nadelbäume an.

Möchte man gleich größere Mengen erwerben, ist der Fachhandel ebenfalls eine sehr gute Adresse. Bei den Importwaren Akadama und Kiryu sind die Anbieter aus Japan überschaubar, es lohnt sich aber auf den Preis zu achten.

Bims und Lava findet man auch im Baustoffhandel oder im Internet. Aber Vorsicht, die Qualitäten sind unterschiedlich und Erfahrungen mit dem Produkt können nur im Selbstversuch getestet werden. Auf Nummer sicher, eventuell aber eben eine Nuance teurer geht man im Fachhandel.

meter keinen Fehler, bei Bims und Lava empfehlen sich 4 bis 8 Millimeter. Perlit erhält man im Baumarkt mit 1 bis 5 oder 6 Millimetern.

Und bitte daran denken! Alle Substrate sollten ausgesiebt werden. Dabei erhält man neben dem unbrauchbaren Staub meistens auch kleinere Körnungen als nützliches „Nebenprodukt" für die ganz kleinen Projekte.

Schön, Gefäß haben wir, Substrat haben wir und hoffentlich haben wir nicht vergessen, den Wurzelballen feucht zu halten. Erlösen wir den Baum und seine Wurzeln und pflanzen ihn ein.

Die Hainbuche zieht ein

Die kleine Buche soll in den nächsten Jahren kräftig wachsen, viele Wurzeln bilden, einen dicken Stamm bekommen und möglichst viele Äste und Zweige bescheren. Deshalb wählen wir einen Teichpflanzkorb als Wohnraum aus. Da die Baumart bei guter Pflege mit gutem Wurzelzuwachs zu überzeugen weiß, werden wir diese Eigenschaft nicht unterbinden und schnappen uns einen großzügigen Topf (19 x 19 x 9 cm und etwa 3 Liter Volumen).

Bevor die Hainbuche in den Pflanzkorb wandert, wird dieser vorbereitet. Dazu nehmen wir zwei ausreichend lange Stücke Draht mit 1 oder 2 Millimetern Stärke. Sie sollen unser kleines Projekt in der neuen Heimat sicher fixieren und werden über die vorhandenen Wurzeln gespannt.

Durch die kleinen und praktischen Löcher am Boden wird der Draht so gezogen, dass im Korb eine Schleife über die Wurzeln gelegt werden kann. Danach schütten wir unsere Substratmischung hinein, bis etwa ein Drittel des Korbs gefüllt ist. In der Mitte häufen wir zusätzlich noch eine Portion Substrat an.

Der Teichpflanzkorb ist jetzt bereit für den Einzug und wir schnappen uns den Baum.

Die Hainbuche wird nun mit den Wurzeln auf das Häufchen Substrat gesetzt. Mit der Hand am Stamm drehen wir den Wurzelballen jetzt vorsichtig in das Substrat ein.

Diese Vorgehensweise dient der zukünftigen Gesundheit unseres Bäumchens, denn durch die Drehbewegungen schieben sich die Körner des Substrats zwischen die Wurzeln. Dadurch steht die Hainbuche nicht nur besser im Pott,

Der Teichpflanzkorb ist bereit für den Baum.

Der Wurzelballen passt perfekt in die neue Heimat.

sondern wir sorgen gleichzeitig dafür, dass keine Freiräume zwischen den Wurzeln entstehen.

Aber warum keine Freiräume? Luft ist doch gut?

Natürlich. Aber Hohlräume zwischen den Wurzeln können dafür sorgen, dass zu viel Wasser stehen bleibt. Dadurch entstehen zu nasse Regionen und Schimmel oder andere Krankheiten können sich im Wurzelballen ausbreiten.

Wenn der Baum nun aufrecht steht, achten wir auf die gewünschte Position in der Unterkunft. Haben wir bei unserer Gestaltungsidee eine leicht schräge Position eingeplant, wird das Bäumchen auch genau in dieser Stellung eingesetzt.

Zur ersten lockeren Fixierung schütten wir ein oder zwei Becher mit Substrat auf die Wurzeln und legen die Fixierungsdrähte darüber. Der Draht wird gespannt und dann in sich gedreht. Spätestens jetzt sollte der Baum stabil stehen und wir füllen den Teichpflanzkorb mit Substrat.

Hier gilt es ebenfalls die Wurzeln schön einzubetten. Dazu greifen wir mal wieder zum Multitool Essstäbchen.

Nun checken wir nochmals die gewünschte Position, denn oft verschiebt man diese bei den Einbettungsarbeiten etwas. Wenn alles passt, kann der Fixierungsdraht endgültig seine Funktion übernehmen. Dazu drehen wir ihn so lange weiter, bis der Baum sicher steht. Die Enden des Drahts werden abgeschnitten und nach unten ins Substrat gebogen. Die-

Der Baum steht im Substrat. Die Drähte müssen noch festgezogen werden.

Das Substrat wird zwischen die Wurzeln eingearbeitet.

se Maßnahme vermeidet Verletzungen, und zwar nicht am Baum, sondern an den eigenen Fingern.

Jetzt gehen wir in den Endspurt und füllen den Teichpflanzkorb bis zur gewünschten Höhe mit Substrat. Dabei sollten alle Feinwurzeln überdeckt sein. Erneut kommt das Essstäbchen zum Einsatz. Wir arbeiten das Substrat behutsam zwischen die Wurzeln und lassen uns dabei ruhig etwas Zeit, denn diese Tätigkeit ist wichtig. Mitunter hilft es, etwas an die Seiten des Korbs zu klopfen. Durch die Erschütterung wandert das Substrat ebenfalls zwischen die Wurzeln.

Durch das Einarbeiten können immer wieder Feinwurzeln an die Oberfläche geschoben werden. Diese bedecken wir wieder.

Geschafft. Unser erster Baum, die Hainbuche, ist oben bearbeitet und steht unten sicher im Topf. Perfekt!

Aber sind wir auch fertig? Nein! Natürlich nicht, denn bei aller Euphorie über den erfolgreichen Start in das Hobby mit den kleinen Bäumen sollten wir eins nicht vergessen, das Wasser.

Da das verarbeitete Substrat in der Regel komplett trocken ist, wird kräftig und ausgiebig gegos-

Geschafft! Glückwunsch!

sen. Dabei sehen wir recht schnell, dass unsere Durchlässigkeit gewährleistet ist. Es wird nun so lange gegossen, bis aus dem bräunlichen Wasser eine klare Flüssigkeit wird. Ist das der Fall, haben wir auch den restlichen Staub aus dem Teichpflanzkorb gespült.

Sind wir auch noch so stolz auf unseren ersten Baum in der Schale, wird er nicht gleich prominent auf der Mauer oder dem Lieblingsplatz auf dem Balkon im glänzenden Sonnenlicht platziert. Nein, wir haben den kleinen Kameraden mächtig unter Stress gesetzt und er hat sich eine Erholungsphase verdient. Die nächsten drei oder vier Wochen fühlt sich die Hainbuche an einer schattigen Stelle am wohlsten und bitte, bitte das Gießen nicht vergessen.

Die Geschichte mit dem Pilz

Okay, ich gebe zu, das Wort Pilz ist bei Pflanzen eher negativ belegt und wird oft in einem Zug mit Krankheit erwähnt. Aber es gibt einen Pilz, besser viele Pilze, die mit unseren kleinen Bäumen eine durchaus verwandtschaftlich anmutende Beziehung eingehen. Lasst uns über Mykorrhiza reden.

Vor allem Bäume, die wir nahezu komplett von der bisherigen Erde befreien oder die wir wurzelnackt erwerben, freuen sich über einen Teelöffel dieser feinkörnigen Substanz. Aber warum eigentlich?

Der Mykorrhizapilz ist wichtig, bei manchen Baumarten gar lebensnotwendig, denn er unterstützt das so wichtige Wurzelsystem unserer zukünftigen Bonsai. Der kleine Helfer in der Schale versorgt die Bäumchen mit Nährstoffen und Wasser. Da der Baum den Pilz im Gegenzug mit Zucker versorgt, bildet das Duo eine Symbiose. Es schadet also nicht,

Keine Panik! Dieser Pilz ist wichtig.

diese Partnerschaft bei ausgewaschenen Wurzeln ein wenig anzustoßen.

Je nach Baumart unterscheiden sich die Mykorrhizapilze ein wenig und so sind mit Ektomykorrhiza und Endomykorrhiza zwei Sorten im Fachhandel erhältlich. Bei bereits etablierten Bäumen in der Schale ist der Zusatz nicht notwendig, denn der Pilz ist bereits vorhanden und bei der Arbeit.

Aber schauen wir doch einfach, was beim Umtopfen eines „älteren" Baums zu beachten ist.

Das „hässliche Entlein" zieht um

Bäume, die schon ein paar Jahre in einem Wachstumsgefäß oder einer Schale verbracht haben, zeigen in der Regel ein anderes Wurzelbild.

Etwa fünf Jahre steht dieser Ahorn in seiner Schale und zu diesem Baum muss ich kurz ausholen. Im Jahr 2015 habe ich diesen Baum auf einer Koi-Messe erworben. Gemeinsam mit einer kleinen Lärche, die es leider nicht mehr gibt.

Und in diesen vielen Jahren musste der kleine Ahorn vieles erdulden. Eingewachsenen Draht, abgebrochene Äste und so manche lange Durststrecke. Aber er hat durchgehalten und ist inzwischen etwas ganz Besonde-

Nicht unbedingt schön, aber ans Herz gewachsen, mein erster Ahorn.

res für mich, einfach das „hässliche Entlein", das aber einen festen und unbestrittenen Platz in meiner Sammlung hat. Und das trotz der unschönen Verdickung des Stamms und der vielen Wunden, denn wenn die kleinen Blätter da sind, ist das alles vergessen.

Bevor wir aber an die Wurzeln gehen, befreien wir das bisherige Substrat von Moos und Unkraut. Der ebenfalls schon bemooste Stammansatz bekommt mit einer Bürste ebenfalls eine Reinigung, denn wir wollen sehen, wie sich dieser Bereich des Baums über die Zeit entwickelt hat.

Zuerst wird die Oberfläche gereinigt.

Danach werfen wir einen Blick unter die Schale. Ist der Ahorn mit einem Draht im Keramikgefäß gesichert, wird dieser entfernt. Ohne diese Verankerung versuchen wir nun, den Baum aus der Schale zu holen. Sollte dies nicht auf Anhieb gelingen, hilft es, am Schalenrand mit einer Spachtel, einem alten Messer oder dem berühmten Essstäbchen für Freiraum und Beweglichkeit zu sorgen.

Aber blicken wir auf die Wurzeln des kleinen „Steh-auf-Bäumchens". Sie präsentieren sich nach ein paar Jahren in der Schale äußerst kompakt und scheinen regelrecht nach mehr Platz oder einem Rückschnitt zu schreien.

Warum muss eigentlich umgetopft werden?

Der große Gummibaum im Wohnzimmer meiner Eltern stand, seit ich denken kann, im gleichen Topf, in der gleichen Erde und sogar am identischen Platz. Dennoch wuchs er immer weiter. Weshalb also müssen die kleinen Bäume in der Schale umgetopft werden?

Die Antwort ist denkbar einfach und lautet in den meisten Fällen „Platzmangel". Und die

Signale, die auf ein notwendiges Umtopfen hinweisen, sind ziemlich offensichtlich:

- Der Baum wächst nicht mehr so freudig wie in der Vorsaison.
- Das Wasser fließt nur noch sehr langsam ab.
- Die Wurzeln wachsen bereits aus den Abzugslöchern.
- Der Baum „erhebt" sich regelrecht aus der Schale.
- Der Blick in das Gefäß offenbart Wurzeln, die vor allem am Boden ihre Kreise ziehen und verzweifelt nach neuen Räumen suchen.

Es sind wirklich einfach zu wertende Signale, die uns das kleine Bäumchen sendet. Aber es gibt neben den rein visuellen Endrücken auch einen ganz einfachen manuellen Beweis. Nehmt ein Essstäbchen zur Hand und stecht in das Substrat. Ist der Widerstand groß oder das Eindringen kaum noch möglich, wird es Zeit, sich um die Wurzeln zu kümmern, denn

- die Wurzeln haben keinen Raum mehr, den Baum zu versorgen
- der wichtige Sauerstoff und das lebensnotwenige Wasser erreichen nicht mehr alle Wurzeln
- die Bäume stehen oft zu lange feucht
- die Wurzeln können faulen oder sogar absterben, in der Folge gar der ganze Baum

Stellt man diese Szenarien fest, gilt es die nächste Frage zu stellen.

Zu welchem Zeitpunkt im Jahr sollte umgetopft werden?

Nehmen wir als Orientierung den Kalender zur Hand und betrachten daneben im Winter beginnend den Jahresturnus unserer Bäume.

Hier sind zu viele Wurzeln im Topf.

In der kalten Jahreszeit bunkert der Baum seine Kraftreserven in den Wurzeln, daher sollten diese eigentlich in Ruhe gelassen werden. Im Frühjahr erwachen unsere Bäumchen und die Energie wandert von den Wurzeln in die Äste und Zweige, denn der neue Austrieb soll gestartet werden. Im Sommer muss das Wurzelwerk die vielen Blätter und Nadeln versorgen und kämpft dabei schon gegen Sonne und Wassermangel. Im Herbst wandert die Kraft vom fallenden Laub wieder unter die Erde und die Batterien für den Winter werden aufgeladen.

Im Beet versenkt sicher durch den Winter.

Okay, aber was bringt uns diese Erkenntnis? Glaubt man den Parolen der Gartencenter und Baumschulen, ist der Herbst die beste Pflanzzeit. Und wo gepflanzt werden kann, kann auch umgetopft werden. Eine These, die absolut korrekt ist, und so sind der Spätsommer und Herbst ein gutes Zeitfenster. Aber – und dieser Einwurf sei erlaubt – die Gartenpflanzen werden tief in die Erde eingesetzt. Dadurch sind sie relativ sicher vor Frost.

Die Knospen sind offen, höchste Zeit für das Umtopfen.

Unsere Bäumchen stehen jedoch in Schalen oder anderen Gefäßen. Ungeschützt kann die kalte Jahreszeit sehr, sehr hart für die frisch umgetopften Kameraden werden. Daher sollte vorgesorgt werden. Ein frostfreies Winterquartier oder ein Versenken der Töpfe in der Erde sind mögliche Optionen. Ein Verpacken der Gefäße in Jute oder Folie und ein windgeschützter Platz helfen ebenso.

Der Wurzelballen ist so kompakt, dass er die Schale komplett ausfüllt. Es wurde Zeit.

Ein besserer und der am weitesten verbreitete Zeitpunkt für das Umtopfen ist das Frühjahr, besonders wenn nicht nur Substrat und Gefäß gewechselt werden, sondern auch die Wurzeln kräftiger gestutzt werden sollen. Aber bitte setzt euch nun keinen Vermerk „Umtopfen" in den Kalender, denn den konkreten Zeitpunkt gibt einzig und allein der Baum vor.

Wenn im Frühjahr die Knospen an den Bäumen zu schwellen beginnen, sich langsam öffnen und zartes Grün zum Vorschein kommt, dann ist sie da, die beste Gelegenheit für den Umzug. Dieses Zeitfenster ist schmal und extrem vom Wetter abhängig. Mal geht es erst Mitte März so richtig

Die Wurzeln werden gelockert, das Substrat vorsichtig entfernt.

Die langen Wurzeln können großzügig geschnitten werden.

Da der Ahorn genügend Feinwurzeln hat, wird rundherum ebenfalls gestutzt.

Der Wurzelballen ist nun wieder schön kompakt, zudem recht flach und bereit für die in diesem Fall neue Schale.

los, ein Jahr später bereits Mitte Februar. Manche Baumarten, etwa die Rotbuche oder die Eiche, starten ein paar Wochen später.

Lärchen sind parallel zu den Laubbäumen unterwegs und damit die ersten Nadelbäume. Wacholder und Kiefer finden wiederum den späten Frühling für einen Angriff auf ihr Wurzelwerk deutlich charmanter.

Aber zurück zum hässlichen Entlein …

Werfen wir nun einen Blick auf das neue Ensemble.

Wenn das Substrat gut in die Wurzeln eingearbeitet ist, wird wieder sehr ausgiebig gegossen.

Wie auf dem Bild zu erkennen ist, hat sich das Schalenvolumen um etwa ein Drittel reduziert.

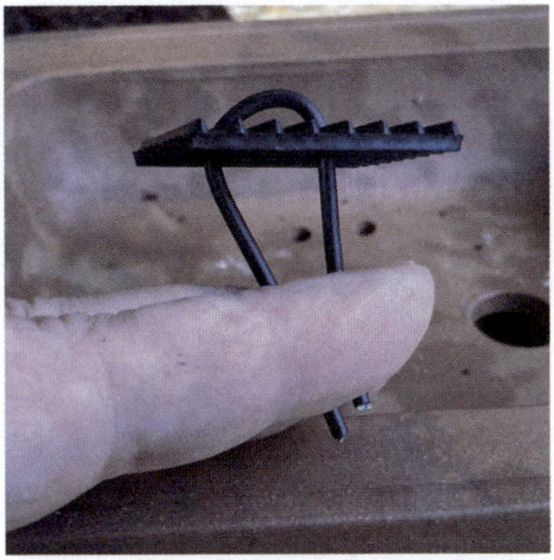

Mittels Draht werden kleine Gitter auf den Abzugslöchern platziert. Das Wasser kann durch, aber das Substrat bleibt drin.

Durch die Vorarbeit der letzten Jahre konnte der Wurzelballen kompakter und flacher gestaltet werden und passt nun in die neue Schale.

Aber auch der neue Topf macht den Ahorn nicht vom hässlichen

Auf der Unterseite der Schale werden die Gitter stramm fixiert. Sieht doch gut aus.

Ahorn und Schale sind bereit für die Zusammenführung. Für sicheren Halt sorgen die Spanndrähte.

Die Spanndrähte sollten unter den sichtbaren Wurzeln liegen.

Die neue Schale und das bisherige Behältnis. Sieht doch gut aus.

Entlein zum schönen Schwan. Auf das Thema Schalen gehen wir später noch etwas ausführlicher ein.

Nachdem wir nun die meines Erachtens wichtigsten Schritte für die gesunde Umgebung gegangen sind und die ersten Gestaltungen an unseren kleinen Bäumen vorgenommen haben, schauen wir noch ein paar andere Baumarten an. Und nein, nicht nur schauen. Wir arbeiten daran.

Der heimliche König unter den Bonsai

Damit es nicht zu kompliziert und unübersichtlich wird, bleiben wir einfach bei einer der zweifellos schönsten Spezies unter den kleinen Bäumen in der Schale. Wir kümmern uns um einen Ahorn.

Erneut handelt es sich um einen Rohling, einen Baum aus einem Baumarkt und ein echtes

Tipp:

Ahorne findet man wie Sand am Meer, aber die meisten Bäume haben einen unschönen Fehler. Denn viele, wirklich sehr viele dieser angebotenen Bäume stehen nicht auf ihren „eigenen Füßen". Vor allem japanische Ahorne werden oft als Aufpfropfung (links) verkauft.

Im Garten ist dies überhaupt kein Problem, in der Schale schon eher. Daher empfiehlt es sich, einen Blick auf den Stammansatz zu werfen. Die Stelle der Aufpfropfung ist meist eine unattraktive Verdickung des Stamms, die entweder nie oder erst nach vielen Jahren unauffälliger wird. Der Stamm unseres Ahorns (rechts) ist dagegen auf eigenen Beinen gewachsen. Er ist damit wurzelecht.

Eine sehr gute Basis für einen zukünftig ausdrucksstarken Stammansatz.

Der Wurzelballen wurde stark reduziert, aber es sind viele Feinwurzeln vorhanden.

Die Wurzeln werden in der Schale aufgefächert und fixiert. Die Essstäbchen zeigen auf die Spanndrähte.

Schnäppchen des Herbstausverkaufs. Aber meine Kaufentscheidung bei diesem kleinen Ahorn war keineswegs der schmale Preis. Der Blick auf den gesamten Baum und vor allem den Stamm ließ die Kleine Prinzessin (*Acer palmatum little princess*) in den Einkaufswagen wandern. Aber warum eigentlich? Der Stamm ist doch kerzengerade, um nicht zu sagen ausgesprochen langweilig.

Eine korrekte Beobachtung, aber der Stamm bietet ein Szenario, das bei Ahornen aus Garten- oder Baumärkten, aber auch Baumschulen Seltenheitswert hat. Es handelt sich um einen wurzelechten Baum.

Und wenn wir uns schon in den unteren Regionen bewegen, werfen wir sogleich einen Blick auf die Wurzeln und topfen den Ahorn in ein neues Gefäß. Die Vorgehensweise ist bekannt, wir verfahren genauso wie bei der Hainbuche.

Dabei offenbart uns die „Kleine Prinzessin" nach dem wurzelechten Wuchs die nächste positive Überraschung, denn wir finden einen wunderbaren Wurzelkranz unter der Erde. Jackpot! Der Grundstein für ein schönes Nebari ist schon vorhanden.

Mit aufgefächerten Wurzeln und gut fixiert in einem Wachstumsbehältnis ist der Ahorn nun bereit für die nächste Bearbeitung.

Aber Achtung! Bei aller Euphorie dürfen wir das ausgiebige Angießen des kleinen Bäumchens keinesfalls vergessen. Also zunächst „Wasser marsch!".

Mit tropfender Schale steht die Prinzessin nun vor uns und es stellt sich die Frage, wie es denn nun weitergehen soll. Die aufrechte Form wie bei den bisherigen Bäumen bietet sich hier nicht zwingend an, denn der Ahorn fächert an einer Stelle regelrecht auf. Die Äste verteilen sich von einem Knotenpunkt in verschiedene Richtungen. Eigentlich nicht wirklich gewünscht, aber auch dieses Szenario bietet Möglichkeiten. Denn irgendwie sieht der Baum aus wie ... ein Besen.

Der Ahorn ist eingetopft und bereit für die nächsten Schritte.

Was? Besen? Bonsai als Besen? Was soll das jetzt? Die Fragen und Zweifel sind natürlich berechtigt! Also lasst uns einen Blick auf die verschiedenen Gestaltungsformen der kleinen Bäume in der Schale werfen.

Den streng aufrechten Wuchs haben wir schon umgesetzt, einen leichten Schwung kennen wir inzwischen ebenfalls, aber die Varianten, einen kleinen Baum zu formen, sind nahezu unendlich.

Die Grundformen der kleinen Bäume

Wir öffnen nun eine Truhe, die sich nicht mehr verschließen lässt, denn wie in der Natur sollen sich auch in der Schale die verschiedenen Wuchsformen widerspiegeln. Und genau diese sehr individuelle und charakteristische Gestaltung von Stamm, Ästen und Zweigen macht die Faszination bei Bonsai so besonders und einzigartig.

Die Vorlage für diese Vielzahl an Stilrichtungen liefert die Natur selbst. Wer mit offenen Augen durch die Landschaft schlendert, der wird die meisten der nun beschriebenen Gestaltungsformen wiedererkennen.

Die Geschichte eines Baums in freier Wildbahn schreibt sein Standort. Steht er frei, ohne Konkurrenz, ist der Wuchs meist aufrecht und ausladend. Befinden sich weitere Bäume in der Nähe, beginnt der Konkurrenzkampf – um Ressourcen, um Platz und um Licht. Steht der Baum an einem Hang, wird sich das auf den Stammverlauf und die Entwicklung der Äste auswirken. Denn eins haben alle Bäume und Pflanzen gemeinsam: Sie suchen sich den Weg für ein gesundes Leben und bestmögliches Wachstum.

Aber schauen wir uns die Stilarten etwas genauer an und stellen uns eine Landschaft vor, die auf einer ebenen Fläche beginnt und sich langsam und allmählich in eine steile bergige Formation verwandelt.

Hinweis:

Die verschiedenen Stilformen sollten kein in Stein gemeißeltes Regelwerk darstellen, auch wenn es mitunter so vermittelt wird. Für mich sind die Gestaltungsvarianten lediglich eine Orientierung oder ein Wegweiser. Oftmals sind Übergänge zwischen den Stilrichtungen fließend. Mitunter entwickelt sich der Baum von selbst weiter und bestimmt den weiteren Weg.

Die Natur kennt keine Grenzen und genau in diese Richtung sollten Bäume entwickelt werden. Nicht mit Gewalt in eine gewünschte Form, sondern mit Blick auf die vorhandenen Möglichkeiten des Materials, das zur Verfügung steht.

Ohnehin ist das Ausleben von Gestaltungphantasien von der jeweiligen Baumart abhängig. Laubbäume bieten deutlich weniger Freiräume als Nadelgehölze.

Die aufrechten Formen

Der große und mächtige Baum auf der grünen Wiese bildet unseren Einstieg. Ein massiver Stamm, ein schöner Wurzelansatz, dazu Äste, die rund um den Baum gewachsen sind. Der Baum ist ausladend, genießt den Platz um sich herum. Er hat keinen Mangel an Sonne und Licht. Und genau so präsentiert er sich nicht nur in der Natur, sondern auch in der Schale. In der Bonsaisprache wird diese Wuchsform als *Chokkan* bezeichnet und definiert einen streng aufrechten Baum. Wobei mir das Wort „streng" viel zu weit geht.

Etwas eingeschränkter sind Bäume, die nicht allein stehen: eine kleine Gruppe, ein kleiner Wald. Dieses Szenario ist für mich eine der schönsten und interessantesten Gestaltungsformen bei den kleinen Bäumen in der Schale. Wie in der Natur sollten sich die einzelnen Bäume im Laufe der Entwicklung in einer Gruppe vereinen. Licht kommt nun nicht mehr an jeden Ast. Die Verzweigung wächst eher nach außen.

Der streng aufrechte Baum.

Mehrere Bäume als Waldformation.

Größere Bäume dominieren das Szenario, kleinere ordnen sich unter. Das alles klingt sehr kompliziert, ist es aber nicht. Die Gruppe oder der Wald geben uns den Weg über die Zeit meist selbst vor und wir sollten durch Schnittmaßnahmen nur regulierend einwirken. Der Starke wird dabei in Schach gehalten, der Schwächere etwas unterstützt.

Sehr beliebt sind auch Gestaltungen, bei denen mehrere Stämme aus einem Ursprung wachsen.

Die Gestaltung als Besen.

Handelt sich dabei um zwei Stämme aus einer Wurzel, spricht man von einem Doppelstamm-Bonsai oder *Sokan*. Ist die Anzahl der Stämme größer, handelt es sich um einen Mehrfachstamm-Bonsai oder *Kabudachi*.

Auch bei dieser Stilart gibt es in der Regel, aber eben nicht immer, Bäume, die dieses Duo oder die Gruppe dominieren.

Aber eigentlich sind wir über den Besen bei diesem Thema gelandet. *Hokidachi* nennt der Japaner diese Art der Gestaltung, die vorrangig bei Laubbäumen anzutreffen ist. Der Stamm ist dabei ziemlich gerade und endet mit seinem Verlauf recht abrupt genau an der Stelle, an der sich die Verzweigung aufbaut. Mit vielen Ästen und noch mehr Zweigen wird eine fast schon halbrunde Formation gebildet, die besonders in der Zeit ohne Laub einen filigranen Anblick bieten soll.

Die Ebene unserer fiktiven Landschaft haben wir nun durchschritten, es wird etwas hügeliger.

Die ungeraden Formen

Sofort landen wir bei einer Stilrichtung, die man sich auch auf der Ebene gut vorstellen kann

Der frei gewachsene Baum.

und antrifft. Geprägt durch weniger Licht am Standort, windige Gegebenheiten oder eben an einem Hang, wachsen Bäume auch freistehend nicht immer kerzengerade.

Die frei aufrechte Bonsaiform, auch *Moyogi* genannt, definiert einen Baum, der schwungvoll unterwegs ist. In der Gestaltung von einzelnen Bäumen ist dies der häufigste Weg und unabhängig von der Baumart. Der Grund hierfür ist offensichtlich. Der Schwung des Baums wirkt verspielt, so gar nicht streng und verleiht Charakter. Passt die Verjüngung des Stamms und sitzen die Äste an den richtigen Stellen, erhält man einen Baum, wie man ihn sich vorstellen könnte.

In Schieflage. Der geneigte Baum.

Irgendwie ist der *Shakan* gerade, aber dann eben doch nicht. Besonders in windigen Regionen mit etwas Hanglage stößt man auf diese Wuchsform, die ein wenig an den schiefen Turm von Pisa erinnert. Am Stammansatz sind die Wurzeln in Richtung der Neigung schwächer ausgeprägt, was natürlich dem Umstand geschuldet ist, dass die Standfestigkeit durch die gegenüberliegenden Wurzeln gewährleistet wird. Dass die Lehrbücher für die Neigung des Baums einen bestimmten Winkel vorschreiben, vergessen wir allerdings einfach wieder. Schön ist, was gefällt.

Wer mit ganz offenen Augen und nach oben gerichtetem Blick durch den Wald flaniert, wird die Stilform *Bunjingi* sehr schnell erkennen. Ein langer, sehr karger Stamm, ein paar abgestorbene Äste auf dem Weg nach oben. Le-

Der filigrane Literat.

diglich in der Spitze erkennt man Grün und Bewuchs. Vor allem in Kieferwäldern ist dieses Bild sehr oft anzutreffen und es spiegelt den jahrelangen Kampf eines Baums ums Überleben wider. Als Bonsai wird diese Wuchsform als *Literat* bezeichnet. Zumeist handelt es sich um Bäumchen, die sich sehr charakteristisch und filigran darstellen.

Die stark geneigten Formen

Inzwischen haben wir Ebene und Hang verlassen und kommen in die steilen Regionen unserer imaginären Landschaft. Eine unfreundliche, eine harte Umgebung, die den Bäumen, die hier wachsen, viel abverlangt. Spürt ihr den Wind, hört den Steinschlag und seht den Schnee? Diese Gegebenheiten drücken nicht nur auf das Gemüt dieser Bäume, sondern ebenso auf den Stamm und die Äste. Daher ist es kein Wunder, dass es sich im Erscheinungsbild dieser Bonsai zeigt.

Wenn die Gestaltung etwas gemäßigter erfolgt, sprechen wir von einer Halbkaskade (*Han-kenagi*). Der Stammverlauf beginnt hier eher aufrecht nach oben und neigt sich in der Folge zur Seite. Auf der Biegung bildet sich die Krone des Baums. Der weitere Weg des Stamms geht nun auf die Reise nach unten. Nicht extrem und gern mit dem ein oder anderen Schwung versehen. Entscheidend ist, dass die Äste und Zweige weiterhin horizontal gestaltet werden und augenscheinlich Polster bilden.

Extremer wird es bei der „echten" Kaskade, die *Kenagi* heißt. Hier haben die natürlichen Gege-

Eine Halbkaskade mit Krone.

Eine Kaskade ohne Krone.

benheiten ganze Arbeit geleistet, denn der Stamm verläuft deutlich krasser nach unten. Dennoch bleiben die Äste und Zweige auch hier horizontal ausgerichtet und werden in verschiedene Richtungen gestaltet.

Beide Gestaltungsformen stellen durch ihre Form besondere Ansprüche an die Schale oder ihr Wachstumsgefäß. Kaskaden benötigen einen sehr hohen Topf, da der Stamm Raum für sein Wachstum nach unten fordert. Nicht selten steht diese Stilart zudem auf einem Tisch oder Gestell, um noch weit über den Boden des Topfes hinaus nach unten zu wachsen.

Halbkaskaden sind zumindest vom Stellplatz leichter zu händeln. Sie wachsen zwar ebenfalls über den Schalenrand, aber maximal bis zum Schalenboden. Somit können sie auf eine Mauer oder ein Regal gestellt werden.

Am Gipfel angelangt, beschließen wir die Grundformen der Bonsaigestaltung mit einer Wuchsform, die vor allem dem schneidenden Wind auf der Spitze eines Bergs oder einer Klippe am Meer ausgesetzt ist. Als *Fukinagashi* bezeichnet man Bäume, denen eine kräftige und stetige Brise das Leben schwer macht. Diese Variante der Gestaltung kennzeichnet einen Baum, dessen Ausrichtung nur in eine Richtung geht. Er ist windgepeitscht.

Besonders Nadelbäume und Wacholder werden sehr oft als stark geneigte Formen gestaltet. Dies ist ihrem Standort in der Natur geschuldet. Dennoch lassen sich Laubbäume ebenfalls, wenn auch in abgeschwächter Form, in diese Richtung gestalten.

Vom Wind geformt.

Das Horrorszenario. Astbruch und der daraus resultierende Neustart.

Aber kommen wir zurück zu unserer „Kleinen Prinzessin", die vermutlich wenig erfreut darüber ist, dass wir sie als Besen gestalten möchten.

Zudem wird diese Gestaltung ein langer Weg, denn ich möchte diesen Ahorn dazu nutzen, auf die Gefahren und Schwierigkeiten bei der Bearbeitung von kleinen Bäumen hinzuweisen.

Ahorne sind wunderbar zarte und anmutige Bäume. Sie bestechen durch Leichtigkeit und wirken dadurch elegant. Aber diese Leichtigkeit birgt eine Gefahr, die leider immer wieder zur Wirklichkeit wird. Sie brechen extrem schnell und dazu irreparabel.

Daher ist man gut beraten, sehr vorsichtig an das Stellen von Ästen und Zweigen zu gehen. Weniger ist definitiv mehr. Im Fall unseres Besens habe ich diese Vorsicht nicht walten lassen. Ein bisschen Biegung verträgt der Ast sicher noch, lautete das Motto. Aber da war es, dieses gefürchtete Knacken, und der Ast war ab. Dazu nicht nur ein Mal.

Besonders an der Verzweigung von Ästen ist der Ahorn, wie andere Baumarten ebenfalls, sehr verletzlich. Eine Erfahrung, die ich wieder einmal machen musste und die jeder zwangsläufig macht, wenn er sich mit der Gestaltung von Bäumen beschäftigt.

Dieses Missgeschick ist zwar ein Astbruch, aber keineswegs ein Beinbruch. Weiterhin haben wir einen wunderschönen Wurzelansatz unter dem Substrat und einen Ahorn mit Perspektive. Lediglich das Zeitfenster hat sich verlängert, bietet aber gleichzeitig die Chance, den Baum gezielter aufzubauen. Alles eine Frage der Betrachtungsweise ...

Die Botschaft aus dieser schmerzlichen Erfahrung ist eindeutig: Solange Leben in dem Bäumchen steckt, lohnt es sich weiter damit zu arbeiten. Es wird immer wieder passieren, dass eine Aktion danebengeht. Ärgert euch, zieht eure Lehren daraus, aber gebt dem „Opfer" eine zweite Chance. Der Baum kann nichts dafür.

Der vermeintliche König unter den Laubbäumen hat aber ebenfalls eine zweite Chance verdient und wir schnappen uns einen weiteren Kandidaten und starten die Gestaltung.

Ahorn, die Zweite

Wiederum steht ein *Acer palmatum little princess* vor uns, aber bei diesem Bäumchen schlagen wir eine andere Richtung ein.

Dieser Ahorn soll frei aufrecht – ihr erinnert euch – als Moyogi gestaltet werden. Da es sich um ein sehr junges Gewächs handelt und neben dem Hauptstamm noch zwei weitere schmälere Wege nach oben vorhanden sind, halten wir uns aber mehrere Gestaltungsvarianten offen.

Keine Frage, im Moment hat der zweite Ahorn mehr Ähnlichkeit mit einem Busch denn mit einem Baum. Aber viele Äste und Zweige lassen eben auch eine Menge Gedankenspiele zu und bieten entsprechende Möglichkeiten.

Zunächst holen wir den Baum aus dem Topf, befreien die Wurzeln von der bisherigen Erde und werfen ein Blick darauf.

Wiederum handelt es sich um einen wurzelechten Ahorn. Die Wurzeln sind üppig vorhanden und recht ansehnlich um den Stamm verteilt. Erneut eine gute Basis für einen erfolgreichen Start.

Viele Äste bedeuten beim zweiten Ahorn massenhaft Optionen.

Ein dicker und zwei dünne Stämme sind vorhanden. Von dem rechten Stamm trennen wir uns.

Um einen schönen Wurzelansatz zu kreieren, wurde nicht nur der dritte Stamm entfernt, sondern auch zu hoch liegende Wurzeln.

Abgestorbene Äste und Zweige werden abgeschnitten. Wir brauchen einen guten Blick auf den verbleibenden Baum.

Die rote Linie markiert den zukünftigen Stammverlauf.

Nun stellt sich natürlich die Frage, warum der eine dünne Stamm noch mitmachen darf. Diese Entscheidung hat mehrere Gründe.

- Die aktuelle Situation lässt die Gestaltung eines Doppelstamms weiterhin zu.
- Selbst wenn der dünne Stamm im Laufe der Entwicklung ent-

fernt wird, hat er dann dazu beigetragen, einen guten und massiveren Stammansatz zu bilden.

Wie bereits erwähnt, der Ahorn ist ein Jungspund, dem noch alle Türen und Tore offenstehen. Deutlich mehr Aufmerksamkeit wird dagegen auf den Hauptstamm geworfen. Hier werden wir Entscheidungen treffen und uns von Ästen und Zweigen trennen. Dazu nehmen wir den Ahorn in die Hand, drehen, wenden und suchen eine Linie für den zukünftigen Weg nach oben.

Für das zukünftige Erscheinungsbild müssen auch stärkere Äste weichen.

Dabei wird auf einen möglichst interessanten Stammverlauf geachtet, aber auch auf die Positionierung zukünftiger Seitenäste. Wir erinnern uns kurz. Freier Blick auf den Stamm, möglichst keine Äste auf gleicher Höhe, Äste rechts und links für eine harmonische Frontansicht, aber dennoch an den Hintergrund denken.

Nun heißt es, das Herz in die Hand zu nehmen und Mut zu ha-

Der geplante Stammverlauf ist ausgearbeitet und klar erkennbar. Nur noch ein wenig an den Seiten stutzen.

Dazu werden die feinen Äste bis auf das erste Knospenpaar zurückgeschnitten.

Die Kleine Prinzessin ist auf den Weg gebracht und darf jetzt einfach wachsen.

ben. Es werden viele Schnitte, aber alle sind für die Zukunft.

Die verbleibenden Äste werden nun mittels Spanndrähten vorsichtig nach unten gezogen. Dabei gehen wir nicht an die Grenzen der Belastbarkeit, sondern spannen lieber in ein paar Wochen etwas nach.

Der kleine Seitenstamm wurde ebenfalls zur Seite gespannt. Ob er allerdings langfristig Teil dieses Projekts bleibt, wird die weitere Entwicklung zeigen.

Wie immer wird unser Ahornbäumchen die nächsten drei bis vier Wochen nicht der direkten Sonne ausgesetzt. Wenn sich die ersten Blätter zeigen, beginnen wir mit der ersten Zugabe von Dünger.

Dünger? Interessantes, nein, sehr interessantes Thema! Kommen wir später noch dazu.

Ein Trio für die Schale

Bis auf das Umtopfen des „hässlichen Entleins“ haben wir uns bisher lediglich mit Jungpflanzen und Rohmaterial beschäftigt. Daher schnappen wir uns nun einfach mal ein Trio kleiner Bäume, das schon ein paar Jahre in einer Schale verbracht hat.

Bisher waren die drei Rotbuchen Teil einer Waldgestaltung, die aufgelöst wurde, um daraus mehrere neue Projekte zu starten. Die Bäume dürften sechs bis acht Jahre alt sein und konnten zusammen mit ein paar anderen Kollegen in den vergangenen zwei Jahren vor sich hinwachsen.

Wie bei der Beschreibung von Wald- und Gruppenpflanzungen erwähnt, gab es dabei dominantere und etwas weniger wachsende Bäume. Für die neue Kreation in der Schale kommen nun der bisherige Spitzenreiter des Walds, ein Baum aus dem Mittelfeld und eine kleine Rotbuche zum Einsatz.

Die Idee hinter dieser Zusammensetzung ist das Erstellen einer Kleingruppe, wie sie in der Natur sehr häufig anzutreffen ist.

Doch bevor das Trio in die Schale wandert, gilt es auf die Wurzeln zu schauen. Dabei treffen wir auf einen großen Vorteil bei Bäumen, die bereits ein

Diese drei Rotbuchen sollen als kleine Gruppe in eine Schale wandern.

Diese lange Wurzel der größten Rotbuche stört und wird entfernt.

Die drei Wurzelballen sind nun wieder schön kompakt und bereit für die weitere Bearbeitung.

paar Entwicklungsschritte hinter sich haben, denn der Wurzelballen ist angenehm flach ausgebildet. Dennoch nutzen wir das Umtopfen in ein neues Gefäß, um auch unter der Erde etwas aufzuräumen.

Da der Baum über genügend Feinwurzeln verfügt und die Wurzel für ein schönes Nebari zu groß ist, wird am Ansatz gekappt.

Machen wir uns nun ein paar Gedanken, wie sich das Trio in seiner neuen Unterkunft präsentieren soll. Die „klassische“ Gestaltung sieht dabei in der Regel vor, dass der größte Baum den

Die zukünftige Anordnung der Rotbuchen in der flachen Schale.

Mittelpunkt bildet und von den kleineren eingerahmt wird. Aber wer braucht schon Regeln …

Nein, natürlich ergeben diese Vorgaben oft sehr viel Sinn, aber ein wenig eigene Kreativität darf selbstverständlich auch einfließen.

Mein Gedanke zu dem Trio sieht den höchsten und kräftigsten Baum an der rechten Außenflanke. Der Grund dafür liegt in dessen Wuchsform, denn mir gefällt der bereits sehr schön ausgebildete Ast an der Seite.

Durch diesen Ast besteht für mich die Möglichkeit, eine Formation zu gestalten, die die größte Rotbuche an den Rand schiebt. Der Ast nach rechts fängt den Baum regelrecht ein und bietet damit die Möglichkeit, das eingezeichnete Dreieck als Weg für eine für mich harmonische Gestaltung zu gehen.

Als Gefäß für das Trio habe ich mich für eine flachere Schale entschieden. Die helle Farbe bietet einen schönen Kontrast zu der sattgrünen Belaubung im Sommer, aber auch zu den rotbraunen Blättern im Herbst.

Aber lasst uns bei dieser Gelegenheit doch mal etwas tiefer in die Materie „Schale" eintauchen. Denn auch hier gehen die Meinungen mitunter kräftig auseinander.

Die Schale, wirklich nur ein Topf?

Es gibt sie in unendlich vielen Varianten. Hoch oder flach. Eckig, rund oder oval. Glasiert oder unglasiert. Mit Füßchen oder ohne. In schwarz, blau, rot, grün oder gelb. Oder einfach in einem natürlich wirkenden Braunton.

Vor allem in Japan und China hat das Herstellen von Schalen eine Jahrtausende alte Tradition, die vor allem durch Schlichtheit besticht. Im europäischen Raum hat sich dagegen eine vermeintlich kreativere Variante entwickelt, wobei beide Stilarten keineswegs in Konkurrenz stehen, sondern sich wunderbar ergänzen. Aber welche Schale nehme ich jetzt für welchen Baum?

Interessanter Baum mit außergewöhnlicher Schale, eine Zwergmsipel.

Eine extrem schwierige Frage, zumal die Antwort noch den individuellen Geschmack des jeweiligen Betrachters befriedigen sollte. Hören wir uns daher zunächst die Expertise der traditionellen Bonsaiwelt an, denn natürlich gibt es für die Wahl der Schale ein paar Regeln.

- Nadelbäume sollten in unglasierten Schalen platziert werden, Laubbäume in glänzend lasierten. Richtig bunte Schalen sind eher für blühende Bonsai vorgesehen.

- Die Länge der Schale sollte zwei Drittel der Höhe des Baums entsprechen.
- Die Tiefe sollte sich in etwa in der Dicke des Stamms wiederfinden.
- Maskulin gestaltete Bäume sollten in eckigen Gefäßen unterkommen, feminine Gestaltungen in abgerundeten Schalen.

Mit Wasserabzug und Löchern für den Draht. Dahinter eine Kaskadenschale für hängende Bäumchen.

Okay, erst mal sacken lassen.

Reden wir daher zunächst über die Beschaffenheit der Schalen, was zu beachten ist und was sie haben sollten.

Grundsätzlich gilt beim Einkauf darauf zu achten, dass die Schale „frostsicher" bzw. „frostfest" ist. Dieses Merkmal ist wichtig, wenn die Bäume auch im Winter draußen bleiben und es durchaus vorkommen kann, dass eine längere Frostphase überwunden werden muss. Und dies keineswegs nur für den Baum, sondern ebenfalls für die Schale.

Die Frostbeständigkeit erhält das Gefäß für einen Bonsai während des Produktionsprozesses. Frostfeste Schalen werden in der Regel bei über 1.200 Grad gebrannt, sowohl der Rohling aus Ton als auch das mit Glasur weiterbearbeitete Produkt. Der Brand sorgt dafür, dass die Schale nur noch minimal Wasser aufnehmen kann. Dadurch dehnt sich kein Wasser im Ton aus und das Schmuckstück geht unbeschadet durch die kalte Jahreszeit.

Eine Garantie gibt es allerdings nicht, denn sehr dicht eingearbeitetes Substrat in der Schale kann durch gespeichertes und bei Frost gefrorenes Wasser zum Bersten führen.

Das wichtigste Merkmal einer Bonsaischale befindet sich ohne Zweifel am Boden des Gefäßes und ist schlicht und ergreifend unverzichtbar. Jede Schale muss Abzugslöcher besitzen, gern großzügig und bei größeren Exemplaren auch mehrere. Der Zweck dieser Öffnungen ist offensichtlich, denn wir wollen keine Staunässe an den Wurzeln unserer Bäumchen. Daher muss das Wasser beim Gießen abfließen können. Die meisten Schalen haben zudem noch mehrere kleinere Löcher zum Befestigen der Fixierungsdrähte, die für einen stabilen Stand der Bäume sorgen. Aber das hatten wir bereits beim Umtopfen des „hässlichen Entleins".

Aber welche Schale passt nun zu meinem neuen Liebling? Keine einfache Frage, denn neben den eingangs aufgeführten „Richtlinien" fließt bei der Schalenwahl zudem der persönliche Geschmack ein. Viel wichtiger ist allerdings, dass sich das Bäumchen in seiner neuen Umgebung wohlfühlt und eine gesunde Entwicklung gewährleistet ist.

Daher legen wir zunächst die optischen und subjektiven Entscheidungsmerkmale beiseite und gehen objektiv auf die Suche.

Erneut stellen wir uns zunächst die ein oder andere Frage.

- Wie groß ist mein Baum?
- Wie stark bildet er Wurzeln?
- Wie durstig ist der Baum?
- Welche Anforderungen hat die Gestaltungsform?

Ein großer Baum benötigt eine größere Schale. Dies ist keine allzu gewagte Aussage, die aber nicht nur optische, sondern auch praktische Aspekte hat, denn ein großer Baum bietet dem Wind viel Angriffsfläche. Daher sollte die reine Fläche der Schale für eine Standfestigkeit sorgen, die auch die ein oder andere Böe übersteht.

Habe ich zudem einen Baum, etwa eine Ulme oder einen Ahorn, der gern und ausgiebig neue Wurzeln bildet, darf der Zuwachs unter der Erde gern in die Überlegungen bei der Schalenwahl einfließen. Zumindest dann, wenn nicht jedes Jahr umgetopft werden soll.

Dass sehr durstige Bäume in ganz flachen Schalen mehr Achtsamkeit erfordern, ist unumstritten. Natürlich sollte der Wasserbedarf vor allem bei der Zusammensetzung des Substrats berücksichtigt werden, allerdings ebenso beim Gefäß. Flachere Schalen trocknen bei Wärme schneller aus, sind zudem anfälliger für Verdunstung durch Wind. Eine tiefere Schale mit mehr Volumen und damit mehr Speicherkapazität für Wasser wirkt diesen Punkten gezielt entgegen.

Bei Bäumen mit kleineren Ansprüchen an die Wasserzufuhr kann die Schale gern kleiner gewählt werden. Als Beispiel seien hier Kiefern genannt, die lieber etwas trockener stehen. Hier ist ein engeres Gefäß mit Blick auf langanhaltende Regenperioden und die Gesundheit des Bäumchens sogar besser.

Bei der Gestaltungsform benötigen vor allem Kaskaden und Halbkaskaden andere, einfach höhere Schalen. Während die ganz kleinen *Mame* oder *Shohin* in ganz kleine Gefäße passen, erfordert eine Waldgestaltung eher eine flache, dafür aber großflächigere Schale.

Aber hier sind ebenfalls – ihr erinnert euch an die ersten Seiten dieses Buchs – der Tagesablauf und die individuellen Pflegemöglichkeiten des zukünftigen Bonsaianers entscheidend. Kann jeden Tag gegossen werden, bei Bedarf auch zwei oder drei Mal, ist eine kleinere Schale machbar. Auf Nummer sicher geht man dagegen mit mehr Volumen im Topf.

Eine bunte Mischung, eher für Bäume mit Laub oder Blüten.

Natürlich gibt es noch weitere kleinere Punkte, aber mit den wichtigsten sind wir durch und können uns nun der reinen Optik bei der Schalenwahl widmen.

Jetzt wird es sehr individuell. Der persönliche Geschmack fließt in die Entscheidung ein. Die eigene Meinung, der eigene Stil, das eigene Gedankengut kommt zum Tragen und führt bei der Betrachtung der Komposition von Baum und Schale durch andere sehr häufig zu kontroversen Ansichten.

Kommen wir also zurück zu den eingangs aufgelisteten Regeln, die alle etwas mit der Optik zu tun haben und definitiv ihre Berechtigung haben.

Ein Nadelbaum sieht in einer eher unauffälligen, erdfarbenen

Bräunliche Farbtöne passen sehr gut zu Nadelbäumen. Aber Laubbäume gehen ebenso.

Schale sehr natürlich aus. Für einen Ahorn, der über das Jahr ein wahres Feuerwerk an Farben abliefert, passt eine Schale in Blautönen hervorragend. Ein alter und uriger Baum gefällt in einer Schale mit gröberer Oberfläche, eine blühende Kirsche lässt sich von einer zu bunten Farbe nur ungern die Show stehlen.

So viel zum Farbton. Reden wir über die Größe. Ganz klar, je kleiner die Schale, umso größer und älter wirkt der Baum darin. Der Ansatz ist verständlich, denn der Baum füllt seine Unterkunft aus und verliert sich nicht darin. Damit unterstreicht die Schale das Erscheinungsbild, die Größe sowie das Alter unserer Bäumchen. Im Übrigen vollkommen unabhängig von der eigentlichen Größe unseres Bäumchens.

Kommen wir zum Thema feminine und maskuline Bäume, das rein gar nichts mit dem eigentlichen Geschlecht des Baums zu tun hat, sondern lediglich mit seinem Erscheinungsbild.

Ein maskuliner Baum strahlt Kraft aus. Er hat einen meist dicken und massiven Stamm, stark ausgebildete und schwere Äste, verfügt zudem über Bereiche mit totem Holz. Der Lehre nach fließen diese Merkmale in die Wahl der Schale ein. Maskuline Schalen sind gewichtiger, haben klare Linien und damit Ecken und Kanten. Sie sind einfarbig, meist in einem Braunton und verzichten nahezu komplett auf verspielten Schnickschnack.

Verspielt ist dagegen eins der Attribute von femininen Bäumen, die vor allem bei Laubbäumen zu finden sind. Die Eleganz der blattlosen Verzweigung in Herbst und Winter, feine Äste und Zweige, dazu eine zumeist runde und harmonisch wirkende Krone kennzeichnen feminine Gestaltungen und Baumarten. Diese Erscheinungsform soll sich auch in der Schale wiederfinden. Keine Ecken, keine Kanten sind erwünscht, sondern geschmeidige und gleitende Formen. Ovale und runde Schalen passen nahezu perfekt zu diesen Bäumchen und verleihen zusätzlichen Anmut.

Aber wie gehe ich nun in der Praxis mit diesen „Tipps“ um? Wann ist ein Baum feminin, wann maskulin? Gute Fragen, aber zumindest von mir gibt es keine klare und eindeutige Antwort!

Wenn die Gesundheit des Baums gewährleistet ist, entscheidet zumindest bei mir mein ganz persönlicher Geschmack, denn ich sehe meine Bäumchen jeden Tag und mir müssen sie gefallen. Zudem ist die Wahl der Schale kein in Stein gemeißelter Weg, keine Entscheidung für die Ewigkeit! Der Baum entwickelt sich weiter, man selbst entwickelt sich weiter, es ist eine Reise mit vielen Etappen. Schon beim nächsten Umtopfen kann die Schale ausgetauscht werden, und das aus vielerlei Gründen. Eventuell hat man eine andere Kombination mit einem ähnlichen Baum gesehen, eine tolle und besser passende Schale irgendwo im Handel gefunden oder der eigene Geschmack hat sich einfach verändert.

Also seid mutig, probiert aus und kümmert euch um eure eigene Zufriedenheit und nicht um die Meinung anderer.

Die Vielfalt ist groß. Bei den Schalen, aber ebenso beim eigenen Geschmack.

Kommen wir noch kurz zu der Rolle, die die Schale beim Zusammenspiel mit dem Baum einnehmen soll. Dabei finde ich den Vergleich mit einem Bild und einem Rahmen sehr anschaulich. Der Rahmen präsentiert das Bild, darf aber niemals die Hauptrolle übernehmen. Und genau diese Aufgabe hat die Schale bei unserem Baum. Der erste Blick sollte dem Baum gelten, der zweite der Gesamterscheinung und maximal der dritte fällt auf die Schale. Ein guter Baum ist auch in einer Holzkiste beeindruckend, ein „schlechter“ Baum wird selbst in der schönsten Schale nicht besser.

Wann wandert der Baum in die Schale?

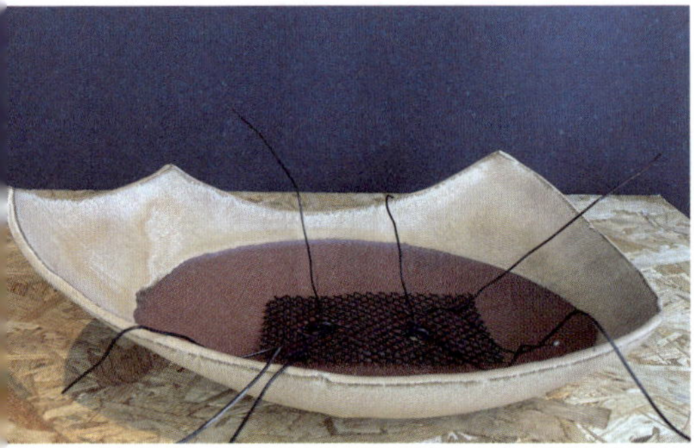

Die Schale ist vorbereitet. Da mehrere Bäume gesetzt werden, ist es sinnvoll, eine größere Anzahl an Fixierungsdrähten in die Schale zu ziehen.

Bonsai heißt „Schale mit Baum", also am besten gleich rein mit meinem Bäumchen in eine Schale und selbst die kleinste Buche ist damit ein Bonsai. Kann man so sehen, aber das ist nicht mein Weg.

Natürlich habe ich in meinem Garten so manches Projekt bereits in einer Schale stehen. Aber das Prädikat „Bonsai" haben sich die allermeisten Bäumchen damit längst nicht verdient. Denn ein Baum kann sich natürlich auch in einer Schale entwickeln. Gibt man ihm Raum, wächst er weiter, geht die nächsten Schritte. Allerdings nicht, weil er in einem Tongefäß steht, sondern weil ich ihm darin mit Platz die Möglichkeit gebe, dies zu tun. Damit sind diese Projekte bei mir gleichgesetzt mit Bäumen, die in Trainingsschalen oder Teichpflanzkörben, vielleicht sogar einfach im Beet stehen. Alle miteinander stehen an verschiedenen Entwicklungsstufen, aber eben auf Stufen und noch längst nicht am Ende der Treppe.

Für mich symbolisiert die Schale, also *die* Schale für den Baum, zwar nicht die Ziellinie, aber zumindest das Einläuten der letzten Runden. Die Schale ist für mich die Kirsche auf der Torte, das Tüpfelchen auf dem i, der Smoking für die Gala oder das Kostüm für den Tanzball.

Und wie so oft sind die Grenzen fließend, auch bei mir. Es wird gemacht, was gefällt, aber eben auch revidiert, wenn ein anderer

Das Stellen der Bäume und das Ordnen der Wurzeln erinnert an ein Puzzlespiel.

Die Wurzeln sind platziert, die größeren sorgen für den ersten Halt, den Rest erledigen die Drähte.

Nun wird das Substrat vorsichtig in die Feinwurzeln eingearbeitet. Und bitte das Gießen nicht vergessen!

Weg eingeschlagen wird oder eine andere Idee aufkommt.

Puh, das war ausführlich. Aber sehr wichtig für mich. Dennoch haben wir noch drei Rotbuchen zu bearbeiten.

Die Beweggründe für meine Schalenentscheidung bei den Rotbuchen habe ich bereits geschildert. Hinzu kommt, dass es sich bei der flachen Schale mit der außergewöhnlichen Form um ein Gefäß aus meiner Region handelt und ich den Künstler persönlich kenne.

Nun gilt es die Schale zu präparieren, die Bäumchen zu platzieren und einzusetzen. Hatten wir schon, deshalb nicht zur Strafe, nur zur Übung das Prozedere nochmals im Bild.

Da im Gegensatz zum normalen Eintopfen nun drei Bäume Platz finden müssen, sollten die Wurzeln gut ineinandergesteckt werden.

Dabei können kleinere Wurzeln unter größere geschoben werden. Dadurch wird die Stabilität zusätzlich gewährleistet. Ein Problem für die Wurzeln entsteht

Die Schnittstellen am Stamm werden mit Wundverschluss abgedeckt.

An den Ästen und Zweigen wird ebenfalls eingekürzt.

Für den Aufbau der Feinverzweigung werden zu lange Äste oberhalb von Knospen geschnitten.

dadurch nicht, denn im Laufe der Zeit wachsen diese ohnehin kreuz und quer durcheinander.

Dennoch ist darauf zu achten, dass das Erscheinungsbild nicht nur oberhalb des Substrats passt, sondern auch darin.

Das Trio steht in der Künstlerschale. Es ist fixiert, angegossen und damit bereit für den nächsten Bearbeitungsschritt. Da die Wurzelmasse reduziert wurde, sollte sich die zukünftige Grünmasse ebenfalls verringern. Das kommt uns gelegen, denn bei den etwas reiferen Bäumchen steigen wir nun in die Gestaltungsmaßnahmen ein.

Wir nehmen unseren Plan zur Hand, greifen zur Konkavzange und kürzen die Stämme an den gelb markierten Stellen ein. Ein Schnitt, der Mut erfordert, aber notwendig ist. Wir erinnern uns an das Thema Verjüngung.

Der oberste Ast, den wir mit unserer Schnittmaßnahme einfach zum Stamm befördert haben, wird nun gedrahtet und in seine neue Rolle gebogen.

Wie zu erkennen ist, sind ein paar kleinere Äste am Baum verblieben. Ich belasse sie in diesem Stadium der Gestaltung gern am Baum, da ich dadurch Alternativen erhalte. Zudem sorgen sie ganz nebenbei für eine Verdickung des Stamms.

Da die Äste am Stamm auf dem Weg nach oben an Stärke verlieren sollen, bleiben die unteren Äste von größeren Schnittmaßnahmen zunächst verschont. Sie dürfen austreiben, denn nur Wachstum bringt die gewünschte Dicke in den Ast.

Über die Anordnung in der Schale lässt sich nun, genau wie über die Wahl der Schale selbst, vortrefflich diskutieren. Ich habe in diesem Fall eine geöffnete Anordnung gewählt, auch um die einzelnen Schritte besser darzustellen. Der Platz in der Schale hätte durchaus noch zwei weitere Bäume erlaubt, die Größe der Rotbuchen zudem eine engere Gruppenbildung.

Aufräumen nicht vergessen!

Letztlich ist dies aber eine reine Geschmacksfrage. Der Kreativität sind keine Grenzen gesetzt, solange sie die Gesundheit der Bäume nicht gefährdet.

Beim Aufräumen der abgeschnittenen Teile des Stamms stellt sich eventuell die Frage, ob man diese noch nutzen könnte. Die schlechte Nachricht lautet: In diesem Fall leider nicht mehr. Aber es gibt durchaus Möglichkeiten, aus einem Baum mehrere Bäumchen zu erhalten.

Über Samen, Stecklinge und Abmoosungen

Über die verschiedenen Möglichkeiten, an Jungpflanzen, Rohmaterial oder echte Bonsai zu kommen, wissen wir bereits Bescheid. Aber was kann man im eigenen Garten oder auf dem Balkon selbst erzeugen? Ganz spontan fallen mir dazu drei Möglichkeiten ein.

Der Samen, der Weg für Geduldige

Nahezu jede Pflanze entsteht in der Natur auf diese Art und Weise. Es ist der ureigenste Weg der Fortpflanzung, hat einen großen Reiz, erfordert aber eine gehörige Portion Geduld. Wie bereits geschildert, ist der Start aus Samen nicht mein Weg, aber ab und an erhalte ich solche Bäumchen

Der Zierapfel ist aus der Frucht zu einer interessanten Rohware entstanden.

Die Früchte eines Zierapfel-Bonsai im Herbst.

durch Zufall im Garten oder als Geschenk meiner Zuschauer.

Genau eine solche Gabe möchte ich stellvertretend für diese Möglichkeit, an ganz junge Bäumchen zu kommen, vorstellen.

Der Blick in den Topf zeigt gutes Substrat und Raum für die Wurzeln. Hier besteht kein Handlungsbedarf.

Der Bonsaikumpel hat in seinem Bestand mehrere Zieräpfel. Diese erzeugen wunderschöne kleine Äpfelchen, die über das Jahr nicht nur für eine herrliche Farbenpracht am Baum sorgen, sondern ebenfalls für Nachwuchs sorgen können.

Die Vorgehensweise ist nach seiner Schilderung denkbar einfach. Wenn die roten Äpfel zum Anbruch des Winters vom Baum fallen, steckt er diese am Stück unter die Erde. Im Laufe des darauffolgenden Frühjahrs treiben die Samen des Zierapfels aus und wachsen. Mal ist es nur ein Sämling, öfters sind es auch mehrere im Verbund.

Und genau mit so einer Kleingruppe wurde ich beschenkt. Die

Der Draht wird für jeden Stamm im Substrat fixiert und vorsichtig angebracht.

Die Fünfergruppe hat ihre erste Gestaltung erhalten. Das Erscheinungsbild ist offener und erweckt Fantasie für die Zukunft.

kleinen Apfelbäume gehen in ihr drittes oder viertes Jahr und bilden die Chance, einen Mehrfachstamm *(Kabudachi)* zu kreieren. Die fünf dünnen Stämme sind noch flexibel und können gut bearbeitet werden. Der erste Schritt ist eine Auflockerung der Formation mittels Drahts. Dabei erzielt man den Nebeneffekt, dass das Licht besser eindringen kann, das stärkeres und gesünderes Wachstum mit sich bringt.

Der Zierapfel ist nur ein Beispiel für diese Art der Erzeugung von Jungpflanzen. Eiche, Walnuss, Buchen, aber ebenso Koniferen und noch viele, viele andere Bäume können diesen Start vollziehen. Ohne Zweifel sehr spannend und faszinierend, aber ebenso langwierig.

Etwas weniger Geduld erfordert die zweite Variante der Vermehrung. Zudem ist sie denkbar einfach. Allerdings eigenen sich nicht alle Baumarten dafür.

Wir kommen kurz zurück zu unserem Dreigestirn an Rotbuchen und dem abgeschnittenen Stamm. Dieser eignet sich leider nicht für diese Möglichkeit, denn für einen Steckling ist er schon zu alt und zu dick.

Der Steckling, neue Chance für den Abschnitt

Aber reden wir zunächst über den Steckling, der genauso zu verstehen ist. Denn wir nehmen einen jungen Austrieb unseres Bäumchens, der etwa beim gestalterischen Rückschnitt entsteht, und stecken in einfach in Erde oder feines Substrat. Klingt unkompliziert, ist es auch.

Da es mit einem Beispiel anschaulicher ist, nehmen wir uns einen frischen Trieb einer Feldulme zur Hand. Dabei handelt es sich um einen jungen Ast oder Zweig des Baums, das heißt, er ist im Jahr des Schnittes gewachsen.

Der beste Zeitpunkt für den Start mit Stecklingen ist für mich der Mai oder Juni. Die Bäume haben die ersten Austriebe hinter sich, die Blätter sind stabil und ausgehärtet. Somit sind sie bereit für die Versorgung der neu zu bildenden Wurzeln. Natürlich ist der Start der Aktion nicht genau auf die genannten Monate beschränkt, sondern richtet sich nach der Entwicklung des einzelnen Baums. Zu spät ergibt vor allem bei laubabwerfenden Bäumen keinen Sinn, da ohne Blätter keine Photosynthese erfolgt und

Zwei Ästchen der Ulme, die dem Rückschnitt zum Opfer gefallen sind. Geeigneter ist nach meiner Erfahrung der linke.

Ein definitiv neuer Austrieb und damit ein perfekter Kandidat als Steckling. Es ist sinnvoll, mehrere dieser Äste vorzubereiten.

das Ästchen über den Winter vertrocknet.

Diese Art der Vermehrung habe ich in den letzten Jahren immer wieder umgesetzt. Die Erfolgsquoten sind gut, aber dennoch ist es sinnvoll, immer mit mehreren Stecklingen zu starten. Viele werden Wurzeln bilden, manche gehen aber auch ein. Wichtig sind eine stetige Wasserversorgung und ein besser halbschattiger Standort, der zudem windgeschützt sein sollte. Außerdem empfiehlt es sich, die Stecklinge „in Ruhe“ zu lassen. Natürlich ist die Versuchung groß, durch Ziehen oder Zupfen am Gehölz die Wurzelbildung auszutesten, aber die kleinen Wurzeln sind empfindlich und reißen leicht ab. Somit kommt auch bei dieser Methode der Faktor Geduld ins Spiel, aber es geht dennoch deutlich schneller als die Vermehrung aus Samen.

Die unteren Blätter werden entfernt. Als Substrat dient hier eine Mischung aus Akadama, Bims und Lava.

Die Stecklinge werden bis zu den verbliebenen Blättern in das Substrat gesteckt.

Bereits nach sechs bis zehn Wochen hat die kleine Ulme Wurzeln getrieben.

Die Wurzelmasse ist für das weitere Wachstum ausreichend. Die Ulme bekommt ein eigenes Gefäß mit Substrat.

Tipp:

In der Regel funktioniert die Geschichte mit den Stecklingen gut, aber ein wenig Doping muss nicht schaden. Gerade für die Unterstützung des Wurzelwachstums gibt es Mittel mit entsprechenden Hormonen. Diese Produkte sind als Gel oder in Pulverform erhältlich und werden vor dem Einstecken der Ästchen in das Substrat auf den blattfreien Bereich aufgebracht.

Ob die Erfolgsquote damit höher ist, kann nur bedingt beantwortet werden. Aber das eigene Gefühl ist besser, denn man hat alles getan, was möglich ist.

Bleibt die Frage, welche Baumarten als Steckling „funktionieren“. In meinem Garten habe ich mit einer Vielzahl von Laubbäumen gute Erfahrungen gemacht. Ahorne, Ulmen, Buchen funktionieren ebenso wie Mispeln und Granatäpfel. Gleiches gilt für den Urweltmammutbaum.

Echte Triebwunder sind Weiden. Sie treiben auch aus älterem

Holz und begnügen sich anfangs mit einem mit Wasser befüllten Behälter. Die Liste der Aspiranten ist damit aber sicher nicht vollständig. Mein Motto lautet daher, einfach mal auszuprobieren, denn es gibt nichts zu verlieren.

Bei den Koniferen und Nadelgehölzen sticht vor allem der Wacholder hervor. Die Vorgehensweise ist dabei identisch. Bessere Erfolge erzielt man aber, wenn der „blattfreie" Bereich großzügiger gehalten und tief in das Substrat gesteckt wird.

Die Abmoosung, aus eins mach zwei

Diese Art der Vermehrung oder Gewinnung von neuen Bäumen ist für mich nicht nur die spannendste, sondern zugleich die spektakulärste Vorgehensweise. Zudem gibt es zwei Motivationen für dieses Prozedere. Zum einen die Trennung einer interessanten Astregion von einem Baum, zum anderen die Verbesserung des Wurzelansatzes durch eine komplette Neugestaltung desselbigen.

Die einzelnen Arbeitsschritte sind, unabhängig von der Motivation für eine Abmoosung, vollkommen identisch, aber schauen wir uns den gesamten Prozess an.

Als Kandidat nehmen wir in unserem Beispiel einen Feldahorn aus der Baumschule und werfen einen prüfenden Blick auf das Material.

Besonders der Schwung im Mittelteil des Baums, unmittelbar oberhalb der roten Linie hat es mir angetan. Aber auch unterhalb sehe ich Entwicklungspotenzial. Dazu müssen aber die Position geändert und ein paar Jahre Geduld mitgebracht werden.

Da der Feldahorn, den ich gern als das „Unkraut" unter den Ahor-

Die beiden „neuen" Bäume in Grün. Sowie der Ort der Trennung an der roten Linie.

nen bezeichne, durch ein starkes Wurzelwachstum und willigen Austrieb besticht, sollte die Abmoosung gelingen.

Aber welche Rolle kommt nun dem Moos zu und wie überhaupt sollen mitten am Baum neue Wurzeln entstehen?

Bei der Abmoosung nutzen wir die zwei Transportsysteme unserer Bäume. Durch die äußeren Schichten des Holzes werden Wasser und Mineralien nach oben zu den Blättern transportiert. Diese schicken über die Rinde im Gegenzug den durch Photosynthese produzierten Zucker zurück. Genau diesen Weg nach unten zu den Wurzeln unterbrechen wir bei der Abmoosung.

Somit erhält der Bereich oberhalb der Trennungsstelle weiter Wasser und Mineralien. Durch die Entfernung der Rinde an der Abmoosungsstelle wird der obere Baum angeregt, neue Wurzeln zu bilden. Klingt drastisch, ist es auch. Ehrlicherweise führt diese Methode nicht jedes Mal zum Erfolg. Aber werfen wir einen Blick auf die ersten Schritte.

Zunächst schauen wir uns den Baum nochmals genau an. Das Augenmerk liegt dabei natürlich auf dem oberen Bereich. Da sich

die neuen Wurzeln nicht unmittelbar an der unteren Linie der freigelegten Stelle bilden, lassen wir ein bis zwei Zentimeter „Luft". An unserem Feldahorn ist dieser Bereich durch das bereits aufgetragene Wurzelhormon am Glanz zu erkennen. Ganz wichtig ist, dass der entrindete Bereich komplett frei ist. Selbst die kleinste Brücke wird der Baum zum Transport von Nährstoffen zu den alten Wurzeln nutzen und die Abmossung wird fehlschlagen.

Der Feldahorn wird nun an dieser Stelle zunächst Kallus bilden. Eigentlich logisch, denn es handelt sich um eine Wunde. Bestenfalls bilden sich aus ebendiesem Kallus dann neue Wurzeln.

Doch diese neuen Wurzeln benötigen selbstredend ein angenehmes Umfeld, eine neue Heimat. Hierfür kommt Sphagnummoos zum Einsatz. Das hatten wir bei der Zusammensetzung des Substrats schon mal angesprochen. Doch während das Moos im Substrat als zusätzlicher Feuchtigkeitsspeicher dient, übernimmt es bei der Abmoosung die Hauptrolle beim Wachstum von frischen Wurzeln.

Hierzu benötigt man natürlich ein entsprechendes Behältnis. Der Fachhandel bietet hier verschiedene Lösungen, aber es geht auch einfacher. Egal ob man ein Stück stabile Kunststofffolie nimmt und es mit Draht oder Kabelbindern fixiert oder eben wie hier eine ausgediente Plastikdose.

Im Fall der Dose wird in den Boden und in den Deckel ein stammdickes Loch geschnitten, zudem wird sie auf einer Seite aufgeschnitten, damit sie um den Baum gelegt werden kann. Ein Stück Klebeband verschließt den seitlichen Schnitt wieder.

Egal ob Folie oder Dose, nun kommt das Sphagnummoos zum Einsatz und wird in unser Abmoosungsbehältnis eingebracht. Ruhig so viel wie möglich und gern mit etwas Druck. Deckel drauf oder Kunststoff zuziehen und fertig. Obwohl, nicht ganz. Ein oder zwei Löcher an der Unterseite werden gesetzt, denn Staunässe wollen wir vermeiden.

Der Feldahorn kommt nun an seinen bisherigen Platz zurück und wir warten. Manchmal ein paar Wochen, ein anders Mal ein paar Monate und in manchen Fällen bis zur nächsten Saison.

Das Stichwort nächste Saison ist im Fall des Feldahorns mehr als zutreffend, denn über den ge-

Hinweis:

Für die Produktion neuer Wurzeln sollte darauf geachtet werden, dass das Sphagnummoos immer feucht ist. Zudem dürfen die Äste, Zweige und Blätter oberhalb der Abmoosungsstelle gern kräftig wachsen. Wir wollen neue Wurzeln und diese wollen entsprechende Nähstoffe.

samten Sommer konnten keine Wurzeln in der Dose erkannt werden. Aber kein Problem, eine Abmoosung kann durchaus länger dauern. Mein zweifelhafter „Rekord“ liegt bei drei Jahren, wobei es sich um eine dicke Rotbuche im Wald handelte. Aber die Geduld zahlte sich aus.

Dennoch schadet es nicht, sich in einem solchen Fall nochmals mit der Abmoosungsstelle zu beschäftigen. Dazu legen wir diese einfach frei und schauen nach dem Rechten.

Dabei offenbart sich eine sehr gute Kallusbildung an der gewünschten Stelle, aber der Ahorn hat es verpasst, Wurzeln zu bilden. Ist die Abmoosung damit gescheitert?

Keineswegs! Aber es ist sinnvoll nachzuarbeiten.

Der zweite Anlauf bietet zudem die Möglichkeit, die andere Variante der Abmoosung zu zeigen.

Anstelle von Wurzelhormonen in Form von Gel wird im zweiten Versuch mit Wurzelaktivator in Pulverform für einen besseren Start gesorgt. Außerdem kommt nun Kunststofffolie zum Einsatz. Sie wird mit Kabelbindern fixiert.

Wie bereits bei der Dose wird durch eine kleine Öffnung an der Oberseite dafür gesorgt, dass Wasser zugeführt werden kann. Durch ein Loch an der Unterseite kann überflüssiges Wasser ebenso ablaufen.

Der vorhandene Kallus wird mit einem Messer angeritzt.

Erneut wird Wurzelaktivator aufgebracht.

Dazu wieder eine Portion Sphagnummoos.

Dieses Mal in einer Kunststofffolie.

Und jetzt? Na ja, abwarten. Aber wie sieht nun eine gelungene Abmoosung aus?

Das Bild der Hainbuche zeigt nicht nur, dass es funktioniert, sondern zudem auch an dickeren Stämmen und Ästen. In diesem Fall hat der Stamm einen Durchmesser von sieben oder acht Zentimetern.

Bei der Hainbuche kam ein ehemaliger Behälter für Salat zum Einsatz. Ihr seht, der Kreativität sind keine Grenzen gesetzt. Aber wichtiger ist natürlich der Erfolg.

Es geht doch. Viele neue Wurzeln. Die erfolgreiche Abmoosung einer Hainbuche. Das dazugehörige YouTube-Video: https://youtu.be/XFaq5k4J-5E

Wie zu erkennen, kam hier eine Mischung aus normalem Substrat und Sphagnummoos in das Behältnis. Rund um und oberhalb der freigelegten Stelle des Stamms wurde Moos platziert, darunter mit Substrat befüllt. Der Hintergedanke war eine einfachere Bearbeitung nach der Trennung von Unter- und Oberteil.

Aber was passiert eigentlich, wenn sich tatsächlich Wurzeln gebildet haben? Die Antwort ist einfach. Je nach Dicke des Stamms oder Asts greift man zur Gartenschere oder kleinen Säge und trennt den Baum. Dabei sollte unbedingt darauf geachtet werden, dass die neuen Wurzeln unbeschädigt bleiben, denn sie sind nun ganz allein für die Versorgung des abgemoosten Oberteils verantwortlich.

Hinweis:

Fehlt noch der zweite Grund für die Abmoosung eines Baumes, die Verbesserung des Wurzelansatzes. Oder wie der Kenner sagt, dem Neuaufbau des Nebaris.

Die Vorgehensweise bei der Bearbeitung ist identisch, umfasst aber den gesamten Baum. Daher sollte das Risiko in die Überlegungen einfließen.

Bei der Abmoosung eines Astes verliert man bei einem Scheitern eben diesen einen Teil des Baums. Bei einer Abmoosung am Stamm droht der Verlust des gesamten Baums.

Ich habe diesen Schritt bereits durchgeführt. Es hat funktioniert, aber eine Garantie gibt es nicht.

Eine große Aufgabe für die Wurzeln, die wir aber erleichtern können. Zunächst wird der neue Baum in ein Pflanzbehältnis mit Substrat gesetzt und gut angegossen. Da das Oberteil in den vergangenen Wochen und Monaten stark wachsen durfte, sollte nun für Entlastung gesorgt werden. Die Grünmasse wird mittels Rückschnitt reduziert, denn das Verhältnis von Wurzeln zu Grün muss ausgeglichen werden. Danach wandert unsere Abmoosung für ein paar Tage an einen absonnigen Platz. Größere Maßnahmen wie starken Rückschnitt oder Gestaltungen mit Draht ersparen wir dem Neuling. Dafür ist später noch viel Zeit.

Damit schließen wir das Kapitel Vermehrung und wenden uns der vermutlich flexibelsten Baumart zu.

Genügsam, pflegeleicht und beweglich – Der Wacholder

Wer im Internet nach Bonsai sucht und sich dabei Bilder anzeigen lässt, macht sofort Bekanntschaft mit dieser Baumart. Von zehn Bildern zeigen sieben bis acht einen Wacholder. Aufrecht, geschwungen, geradezu verbogen, nach oben gewachsen, horizontal oder nach unten über den Topf hinaus. Der Wacholder ist ein Bewegungstalent und lässt der Fantasie wahrlich alle Möglichkeiten zur Gestaltung.

Ein acht Jahre alter Wacholder aus dem Fachhandel.

Er ist ein pflegeleichter Geselle und die erste Baumart, die hier vorgestellt wird, die das ganze Jahr über mit Grün erfreut. Dazu verzeiht er seinem Besitzer auch mal das Vergessen des Gießens, aber ebenso zu viel Wasser. Nur nass stehen, das mag er überhaupt nicht. Und damit ist der Wacholder, zumindest was seine Ansprüche und die Pflege anbelangt, ein perfekter Baum für den Start.

Ach ja, genügsam gegenüber gestalterischen Maßnahmen ist er ebenso, da er sich recht einfach verbiegen lässt. Allerdings braucht der Wacholder Zeit für die Entwicklung und die Erstellung eines vorzeigbaren Bäumchens ist herausfordernd. Aber schnappen wir uns doch einfach den Klassiker unter den kleinen Bäumen in der Schale.

Um schon etwas mehr Bonsai zu zeigen, habe ich mir einen vorgestalteten Wacholder (*Juniperus chinensis*) aus dem Fachhandel geangelt. Er ist acht oder neun Jahre alt und hat den ersten Gestalter schon hinter sich.

Wie gut zu erkennen ist, handelt es sich um einen gesunden Baum, der kräftig austreibt. Der bereits eingearbeitete Schwung, gern als „S-Shape" bezeichnet, verbirgt sich noch, ebenso die Aststruktur unter dem dichten Laub des Wacholders. Da wir mehr sehen wollen, schnappen wir uns eine Schere.

Aber wo beginnen wir? Und was schneiden wir ab?

Zunächst trennen wir uns von den Trieben, die weit nach außen gewachsen sind. Dadurch geben wir dem Wacholder seine ursprüngliche Silhouette, in diesem Fall eine eher runde Form, zurück.

Zugegeben, der große Schritt war das noch nicht. Der Stammverlauf liegt großteils immer noch unter dem Nadelkleid. Und ja, der Wacholder verfügt über Nadeln, nicht über Blätter. Diese sind aber ausgewachsen nicht spitzig, sondern weisen eine schuppenähnliche Struktur auf.

Um für weiteren Durchblick zu sorgen, trennen wir uns nun rund um den Baum von den Ästen und Zweigen, die wir mit großer Wahrscheinlichkeit nicht mehr benötigen.

Nach diesem Ausputzen gewährt uns der Wacholder einen anschaulichen Blick in sein Inneres. Nun ergeben sich diese Fragen:

- Wo ist die Vorderseite?
- Welcher Einpflanzwinkel passt zum Baum?
- Welche Äste werden benötigt?

Dieser Prozess erfordert eigentlich einen dreidimensionalen Blick auf den Wacholder. Da wir

Äste und Zweige, die krank sind oder nach unten wachsen. Fachhandel.

Gleiches gilt für nach oben Wachsendes.

Wachsen mehrere Äste und Zweige aus einer Stelle, wird ebenfalls aussortiert.

diesen nicht haben, halten wir uns an ein paar Grundregeln:

- Die Vorderseite des Wacholders sollte so gewählt werden, dass sich der Baum von der Basis zunächst vom Betrachter nach hinten entfernt, danach seinen Weg nach oben geht, sich aber zum Abschluss wieder zum Betrachter hin nach vorn neigt.

Nun suchen wir den Einstiegsast, sprich den untersten Ast, in den Baum.

Bei unserem Wacholder führen diese Punkte zu einer halben Drehung des Baums. Die Ansicht auf dem ersten Bild wird dadurch zur Rückseite.

- Nun erinnern wir uns an das Thema Verjüngung im Stammverlauf. Diese ist für den noch sehr jungen Baum erkennbar und damit gegeben. Lediglich im oberen Drittel könnte der Stamm schmaler sein.
- Zudem soll sich dieser Bereich, die Krone, wieder auf uns zu

Mehr Durchblick, aber wo ist nun vorn und wo hinten?

Der um 180 Grad gedrehte Wacholder im angestrebten Pflanzwinkel.

bewegen. Auch hier spielt der stärkste Weg nach oben nicht mit. Werfen wir einen Blick darauf.

Wie zu erkennen, erscheint der rechte Bereich sehr dominant. Kein Wunder, es handelt sich hierbei schließlich um den Stamm des Bäumchens.

Aber wir erkennen eine Alternative und zwar den dahinter liegenden, im Bild bereits gedrahteten Ast. Nun machen wir uns die Beweglichkeit des Wacholders zunutze und befördern den Ast einfach zum Stamm.

Der überflüssige Stamm kann nun eigentlich direkt am Ansatz entfernt werden, aber wir gehen einen anderen Weg. Wir versuchen, unserem jungen Wacholder etwas Charakter zu verleihen und ihn damit älter wirken zu lassen. Dazu kreieren wir einen Totholzbereich.

Die unbearbeitete Krone des Wacholders.

Shari und Jin, die abgestorbenen Stammbereiche und Äste

Wer sich bei einem Waldspaziergang die Bäume ganz genau anschaut, der wird nicht nur gesunde und grüne Bereiche erkennen. Viele Bäume haben tote Äste, manche sogar ganze Regionen, die abgestorben sind.

Dieses Totholz verleiht den Bäumen in der Natur viel Charakter. Es erzählt eine Geschichte und regt die Fantasie an. Abgebrochene und abgestorbene Äste berichten von harten Wintern, klirrender Kälte und Schneebruch. Abgeknickte Stämme lassen starken Wind vermuten. Ein Sturm oder gar Orkan hat den Baum und sein Wachstum geprägt. Dieses

Totholz am Stammansatz einer orientalischen Hainbuche. Charakter pur.

Erscheinungsbild vermittelt Reife und Alter. Das gilt nicht nur für die Natur, sondern auch für unsere Bäumchen in der Schale.

Bei der „Sprache der Bonsaianer" sind wir in diesem Zusammenhang bereits auf die Begriffe **Shari** und **Jin** gestoßen. Es wird Zeit, sich damit an einem Baum zu beschäftigen.

Zugeben, es ist ein kleines Stück Totholz an unserem Wacholder, aber letztlich ist das Prinzip der Bearbeitung unabhängig von der Größe des Baums.

Bei Nadelbäumen können diese Äste eigentlich unbehandelt belassen werden. Das Harz der Bäume sorgt für eine gute Haltbarkeit. Für eine bessere Konservierung, aber ebenfalls optische Bearbeitung ist im Fachhandel Jinmittel erhältlich. Die Tinktur auf Schwefelbasis wird als gelbliche Flüssigkeit auf die abgestorbenen Regionen aufgetragen. Sie wird während des Trocknungsprozesses weiß und vermittelt einen ausgebleichten Eindruck. Aber Vorsicht, das Zeug stinkt unglaublich.

Für Totholzregionen bei Laubbäumen empfiehlt sich dagegen der Einsatz von Holzhärter. Da diese Baumarten kein Harz

Die Rinde wird mit einem Messer rundherum bis auf das Holz eingeschnitten, der Totholzbereich definiert.

Mit einer Zange oder einem Messer wird nun die Rinde vollständig entfernt.

Um den Eindruck eines Astbruchs zu unterstreichen, wird der entrindete Ast vorsichtig „ausgefranst".

produzieren, verrottet das Holz schneller. Der Holzhärter mit in Aceton gelöstem Kunststoff hemmt diesen natürlichen Verfall. Er ist transparent und nach dem Trocknen nicht mehr sichtbar.

Unser erstes Jin ist fertig, setzen wir die Gestaltung des Wachholders fort. Dazu werden alle Äste gedrahtet, damit wir sie in die entsprechende Position bekommen.

Die gedrahteten Äste werden nun so gestellt, wie wir es schon bei der Lärche praktiziert haben.

Die erste Gestaltung ist erledigt, nun darf wieder gewachsen werden.

- Der Blick auf den Stamm sollte frei sein.
- Die Äste zeigen am Stamm zunächst nach oben, um dann in einer fließenden Bewegung nach unten zu gehen.

Verdichtetes Substrat verhindert die Zufuhr von Wasser und Sauerstoff. Zudem bleibt es lange zu feucht.

- Die Äste zur Seite sollten harmonisch gestellt werden.
- Zwei oder drei Äste auf der Rückseite sorgen für den Eindruck von Tiefe.
- Lange und gerade Äste sollten vermieden werden. Sind sie dennoch vorhanden, geben wir ihnen horizontal einen Schwung mit auf den Weg. Dadurch erscheinen die Äste kürzer.

Das optische Erscheinungsbild unseres ersten Wacholders hat selbstredend noch nicht die Anmut und die Grazie eines Bonsai, aber die ersten Schritte des Wegs sind absolviert.

Die zu groß wirkenden Nadelbüschel sind notwendig. Um einen meiner erfahrensten Bonsai-

Beim Umsetzen bleiben die Wurzeln möglichst unberührt. Das lehmige Substrat wird vorsichtig ausgearbeitet.

Obwohl nur die Hälfte der alten Erde entfernt wurde, bietet das neue Substrat den freigelegten Wurzeln gesunden Lebensraum.

freunde zu zitieren: „Der Wacholder zieht seine Kraft aus dem Grün." Daher stellen wir die Gesundheit des Baums über das aktuelle Aussehen.

Eine Maßnahme ist nach einem Blick in den bisherigen Topf zusätzlich erforderlich. Das Substrat ist vermutlich schon einige Jahre alt, stark verdichtet und sollte ausgewechselt werden. Nach dem Stress der Gestaltung werden wir aber nicht umtopfen, sondern nur umsetzen. Auf einen Schnitt der Wurzeln wird dabei zur Schonung des Baums verzichtet.

Der Wacholder darf sich nun an einem schattigen Platz für ein paar Wochen erholen. Zeigen sich neue Triebe, geht es dann aber wieder zurück an die Sonne, denn aus ihr und dem erwähnten Grün zieht unser Bonsaiaspirant bekanntlich seine Kraft.

Beim Aufräumen unseres Arbeitsplatzes stoßen wir auf die abgeschnittenen Triebe des Wacholders und erinnern uns. Da war doch was? Richtig, Stecklinge! Und auch wenn die Triebe recht klein sind, ist es definitiv einen Versuch wert!

Die so behandelten Zweige wandern nun in ein mit Substrat gefülltes Behältnis. Ich habe hierfür einen Teichpflanzkorb gewählt. Als Nährboden für das Wurzelwachstum kommen die ausgesiebten feineren Reste von Akadama, Bims und Lava zum Einsatz.

Damit den abgeschnittenen Trieben der Start als Steckling besser gelingt, lege ich sie gern eine Nacht ins Wasser.

Dann werden die Nadeln am holzigen, braunen Zweig entfernt und die Rinde mit einem Messer angeritzt.

Als Wachstumsunterstützung bestreichen wir den unteren Bereich mit Wurzelaktivator.

Vielleicht der Start weiterer Bonsaigeschichten.

Jetzt nur noch gut angießen und absonnig stellen. Mal sehen, ob etwas daraus wird. Zu verlieren haben wir nichts. Ganz im Gegenteil! Der gerade eben bearbeitete Wacholder hat seine Reise vor acht Jahren vermutlich genau auf diesem Weg begonnen.

Eine interessante Perspektive.

Die Kiefer, ein stupfendes Finale

Als letztes konkretes Beispiel einer Gestaltung gehen wir in die alpinen Regionen. Mit der Bergkiefer holen wir uns einen weiteren Klassiker auf die Arbeitsplatte. Und der *Pinus mugo* ist nicht nur ein stachliges Kerlchen, sondern auch ein anspruchsvoller Geselle.

So, genug gebeichtet und gemahnt. Schnappen wir uns den, besser die beiden *Pinus mugo!*

Aber warum gleich zwei? Die Frage ist einfach beantwortet. Da ich verschiedene Bearbeitungsschritte erläutern möchte, dies aber nicht in einem Schwung ratsam ist, schnappen wir uns zwei

Beichte und Tipp:

In meinem Garten stehen viele gesunde und lebendige Bäume. Aber dazwischen gibt es einen Bereich, besser eine kleine Ecke, in der die weniger erfolgreichen Projekte zu finden sind. Es ist mein Bonsai-Mahnmal.

Gut, es sind keine Massen an toten Bäumen, aber der Anteil an Kiefern ist verhältnismäßig hoch. Vor allem beim Start in das Hobby musste so manche Kiefer wegen meiner Fehler das Leben lassen.

Zu viele Bearbeitungsschritte auf einmal, am besten Schneiden, Drahten, Totholz und Wurzelschnitt in einem Rutsch. Geht, aber am Ende leider oft schief.

Das Heimtückische bei diesen Nadelbäumen ist, dass sie sehr lange sehr gesund aussehen. Zeigen sie ihre Probleme dann aber offen, ist meist nichts mehr zu retten.

Daher mein ganz großer Tipp:

Lasst euch und den Kiefern einfach ein wenig mehr Zeit. Umtopfen und Wurzelschnitt in einem Jahr, dann Ruhe und Gestaltung im nächsten Jahr.

Achtet auf die Feuchtigkeit im Topf! Kiefern „ertrinken“ schnell.

Zwei Bergkiefern. Der linke Baum bekommt die erste Bearbeitung, der rechte hat schon zwei Schritte absolviert.

Kiefern mit verschiedenen Entwicklungsständen.

Kommen wir aber zunächst zu der Art der Kiefern. Die Bergkiefer ist sehr beliebt bei der Gestaltung von Bonsai. Sie ist einheimisch und daher an die europäischen Gefilde gewöhnt. Besonders in den Alpen wachsen regelrechte Felder dieser Kiefernspezies. Daher ist es kein Wunder, dass es viele ausdrucksstarke Yamadori, also im Berg geerntete Bäume, gibt.

Für uns als Neulinge ist sie leicht und in großer Auswahl erhältlich. Zudem ist sie äußerst triebfreudig und auch schnittverträglicher als andere Kiefernarten.

Von dem kräftigen Wachstum können wir uns bei der links abgebildeten Kiefer sogleich einen Eindruck verschaffen. Zuvor wurde bereits das Unkraut aus dem Topf geholt. Die damit entfernte Erde wurde gleich mit Substrat aufgefüllt, denn die oberen Wurzeln sollen nicht offen liegen.

Diese Maßnahme macht klar, dass es im ersten Schritt der Bearbeitung nicht um das Umtopfen gehen wird. Wir schnappen uns daher Schere und Konkavzange und gehen der Kiefer „an die Wäsche“.

Und damit haben wir wahrlich genug zu tun. Die Vorgehensweise bei der Selektion von Ästen und Zweigen unterscheidet sich dabei nicht von anderen Baumarten. Abgestorbene und kranke Äste werden entfernt. Nach unten wachsende Äste, die kaum Licht erhaschen, werden abgeschnitten, ebenso wie die gerade nach oben strebenden. Der Unterschied zu den anderen Baumarten liegt allerdings in der schieren Menge der Äste. Aber werfen wir einen Blick darauf.

Vor allem im mittleren Bereich treffen wir auf einen sehr kompakten Bewuchs. Diesem muss Einhalt geboten werden. Wie auf dem Bild zu erkennen, konzentriere ich mich bei der Entfernung der Äste

Massen an dicht gewachsen Ästen. Hier droht eine unschöne Verdickung im Stammverlauf.

eher auf die stärkeren Exemplare. Dafür gibt es drei Gründe:

- Der Weg zwischen Stamm und der ersten Verzweigung ist schon recht lang. Damit ist eine stammnahe Feinverzweigung schwieriger.
- Durch das Entfernen kann die bereits entstandene Verdickung besser reduziert werden.
- Die dünneren Äste sind leichter zu drahten, selbst wenn es bis dahin noch etwas dauert.

Obwohl die Bergkiefer das Potenzial zur Rückknospung besitzt, sollten wir uns nicht darauf verlassen. Der Begriff Rückknospung beschreibt in diesem Fall die Fähigkeit des Baums, im alten Holz neue Knospen zu erzeugen. Andere Kieferarten tun sich damit deutlich schwerer.

Im unteren Bereich lassen wir neben einem bereits dickeren Ast noch eine dünnere Variante am Baum. Diese dient als Alternative, aber auch als Zug für stärkeres Wachstum des unteren Stammbereichs.

Zuletzt werfen wir einen Blick auf die zahlreich vorhandenen Knospen. Auch hier greifen wir regulierend ein. Wie auf dem Bild zu erkennen, bildet die Bergkiefer mehrere Knospen. Daraus entstehen im Laufe des Jahres die Nadeln und später neue Äste. Für die Feinverzweigung sind jedoch lediglich zwei Knospen nötig, daher drehen wir die weiteren einfach vorsichtig heraus.

Läuft alles nach Plan, werden aus den zwei Knospen zwei Äste, die dann wiederum neue Knospen bilden. Somit wird aus eins zwei, aus zwei vier und immer so weiter. Die Feinverzweigung entsteht.

Kümmern wir uns nun um den Weg in die Höhe. Die Kiefer hat für sich entschieden, dass diese Entwicklung schnell gehen soll, und den Stamm ziemlich gerade nach oben getrieben.

Ein Erscheinungsbild, das uns mit Blick auf die weitere Gestaltung nicht wirklich gefällt. Daher suchen wir nach Alternativen und die sind bei der Vielzahl an Ästen vorhanden.

Mit Blick auf die Äste im unteren Stammverlauf, sollte der neu ausgekorene Weg nach oben für Abwechslung sorgen. Daher wählen wir den gelb gekennzeichneten Ast. Er steht gegenüber den Ästen im unteren Bereich und besitzt mehrere kleine Zweige, die zukünftig zu Ästen am Stamm werden können.

Der bisherige Anführer der Bergkiefer darf aber zunächst am Baum verweilen. Wir nutzen seine Stärke und Energie, um für ein kräftigeres Wachstum im gesamten Stamm zu sorgen.

Tipp:

Auf dem letzten Bild der Bergkiefer habe ich ein wenig getrickst. Diese Maßnahme eignet sich aber keineswegs nur für Fotos, sondern genauso in der Praxis.

Besonders bei schwierigen Entscheidungen, etwa, ob ein Ast am Baum bleiben oder doch entfernt werden soll, ist diese visuelle Unterstützung sehr hilfreich.

Grundsätzlich ist es ratsam, große Entscheidungen vor allem bei Nadelbäumen gut zu überlegen. Ist der Ast mal ab, ist er ab. Geschnitten ist schnell, aber ein Nachwachsen meistens nicht mehr gegeben.

Für die erste Bearbeitung haben wir der kleinen Kiefer schon einiges zugemutet und gönnen ihr eine Erholungsphase. Umgetopft wird entweder im späten Herbst oder Frühjahr. Die weitere Gestaltung mit Draht kann gern noch ein weiteres Jahr warten. Die Kiefer ist jung und beweglich, also kein Grund für Ungeduld. Die Gesundheit des Baums hat Vorrang.

Aber wenden uns nun der Bergkiefer zu, an der konkrete Gestaltungsmaßnahmen erfolgen sollen. Wobei es sich um die allerersten Schritte handelt.

Seit zwei Jahren steht diese Bergkiefer in meinem Garten. Nach dem ersten größeren Rückschnitt kurz nach dem Einzug habe ich dem Bäumchen fast eine Saison Zeit gegeben, sich mit der reduzierten Form anzufreunden.

Im Frühjahr des zweiten Jahres zeigten sich viele neue Knospen und grüne Nadeln. Die Signale für die nächste Aktion standen damit ebenfalls „auf Grün“. Es folgte das Umtopfen und der Einzug in den Teichpflanzkorb.

Bei diesem Stellungswechsel habe ich die sehr langen Wurzeln

Nach zwei Schritten in zwei Jahren beginnen wir mit dieser Bergkiefer mit der Gestaltung.

abgeschnitten und den inneren Wurzelballen mit den Feinwurzeln nahezu in Ruhe gelassen. Dadurch war die Grundversorgung gesichert. Im rundherum eingebrachten neuen Substrat wurde Raum für neue Wurzeln und gesundes Wachstum geschaffen.

Der Plan scheint gut aufgegangen zu sein, denn ein weiteres Jahr später steht ein gesunder Baum auf dem Bearbeitungstisch, der uns mit seinem Erscheinungsbild in der Folge aber herausfordern wird.

Besonders die beiden unteren Äste, die zu allem Überfluss sehr gerade verlaufen, werden dabei spannend. Aber zunächst räumen wir, wie eigentlich immer, im Baum ein wenig auf. Alte Nadeln zupfen, tote Ästchen abschneiden. Bei einem Baum in der Bearbeitung geht das schneller und wir greifen zum Draht.

Die Hauptäste sind gedrahtet, schnappen wir uns die kleineren.

Im Rahmen eines Workshopbesuchs hatte ein Teilnehmer den Dozenten Walter Pall gefragt, welche Äste der Kiefer bei der Bearbeitung zu drahten seien. Die Antwort der Bonsai-Legende war knapp, aber umso präziser: „Alle."

Klingt nach viel Draht und Zeit, gerade für Neulinge, aber auch für Fortgeschrittene ist dieser Aufwand sinnvoll. Ein Profi mit jahrelanger Erfahrung erkennt meist auf den ersten Blick die Möglichkeiten eines Baums und legt erst im zweiten Durchgang Draht an.

Davon sind wir aber noch ein gutes Stück entfernt. Das Lesen von Potenzial im Baum und Gestaltungsvarianten erfordert viel Erfahrung und die damit verbundene Vorstellungskraft. Daher schnappen wir uns den Draht und schlingen ihn zunächst um die Hauptäste der Kiefer.

Dabei achten wir besonders auf die frischen Knospen, denn sie sollen unbeschädigt austreiben können. Aber auch die Nadeln sollten nicht unter dem Draht landen. Hier empfiehlt es sich, für den Draht eine „Spur“ zu legen und dort die Nadeln zu entfernen. Ihr werdet schnell bemerken, dass das Drahten von Nadelbäumen durchaus zeitintensiv sein kann.

Fast schon zwangsläufig werfen wir nebenbei einen Blick auf die bisherige Verzweigung. Kommen wir auf die zuvor angesprochenen Knospen an den Spitzen der Äste und Zweige zu sprechen.

Wie auf dem ersten Bild zu erkennen ist, wurden die Knospen im Vorjahr nicht aussortiert. Dadurch konnte sich der mittlere Trieb ausbilden. Da er regelrecht auf der Poleposition in Sachen Licht steht, wird er von der Kiefer entsprechend gefördert. Dies lässt sich sehr gut am dichten Nadelkleid oberhalb der Schere erkennen. Ein wenig Energie haben aber auch die beiden Seitentriebe erhalten und damit die Zweige, die für die Feinverzweigung verantwortlich sind.

Um sie zu unterstützen, wird nun der mittlere Trieb entfernt. Die Kiefer registriert den Verlust und schiebt die Nährstoffe in die verbleibenden Zweige und Knospen. Ist der betroffene Ast schon zu lang für unsere angestrebte Gestaltung, funktioniert dieser

Schnitt eine Etage tiefer identisch und das Wachstum wird dort zunehmen.

Einen Wundverschluss müssen wir an dieser Stelle übrigens nicht vornehmen. Nadelbäume haben mit ihrem Harz ein bauminternes Pflaster, das für kleinere Wunden schnell und zuverlässig funktioniert. Bei größeren Wunden empfiehlt es sich jedoch zu Knete oder Paste zu greifen.

Sind dann endlich alle Äste gedrahtet, beginnt das Stellungsspiel. Wir setzen uns vor die Kiefer und beginnen die Gestaltung. Wie bei allen anderen Baumarten achten wir auf den Blick auf den Stamm, eine abwechselnde Stellung der Äste nach links und rechts und vergessen die Befüllung der Rückseite nicht. Die dort platzierten Äste sollen nämlich …

Na? Richtig! Dem Baum Tiefe geben.

Die Äste selbst wandern bei Nadelgehölzen zunächst kurz nach oben und dann allmählich wieder richtig Boden. Ihr wisst, Schneedruck, hatten wir schon. Mitunter lässt sich dieser Weg aber nicht sofort darstellen. Der Ast ist zu dick oder zu kurz, um die entsprechende Biegung hinzubekommen. Die Lösung? Geduld!

Wir starten mit der Bergkiefer eine Reise, die Etappen bildet. Nächste Schritte brauchen neues Wachstum und damit Zeit.

Aber keine Sorge, ein paar Entscheidungen gilt es in der aktuellen Gestaltung schon noch zu treffen. Fangen mal ganz oben, an der Spitze, an der Krone an.

Momentan haben wir ein langes, gerades Stück Holz und einen spärlichen Ast. Hoffnung auf viele neue Triebe kann man natürlich haben, aber besser ist es, Alternativen zu prüfen.

Gleich drei Äste befinden sich eine Etage tiefer am Stamm. Zwei davon sind bereits gedrahtet, also spielen wir mit ihnen. Die bisherige Spitze biegen wir zur Seite und den Zweig mit mehr Knospen nach oben. Ein wenig drehen, ein kleiner Schwung. Einfach mal probieren.

Irgendwie stört der zweite Ast und eine schöne Lösung ist nicht in Sicht.

Haben wir dann eine interessante Lösung gefunden, haben wir nicht nur ein Stück abgeschnittene Krone, sondern auch Draht verschwendet. Diese Vergeudung hat sich aber gelohnt, denn die neue Spitze hat definitiv Potenzial.

Aber wie sieht die Bergkiefer ohne den Ast aus? Lassen wir ihn verschwinden.

Ein leichter Schwung, der am Ende zur Vorderseite und damit auf den Betrachter zugeht, plus einen Trieb an der Seite, der zukünftig mehr Grün hervorbringen wird. Ein Grundstock für die Zukunft.

Letztlich ist keine der Stellungen an unserer Bergkiefer für die Unendlichkeit. Besonders bei jungen Bäumen eröffnen sich immer wieder neue Perspektiven. Selbst die Profis stellen nach einer vermeintlich abgeschlossenen Gestaltung noch tage- und wochenlang den einen Zweig ein wenig nach links, den anderen eine Nuance nach unten. Es ist ein Prozess, aber ich wiederhole mich.

Eine Entscheidung haben wir bei der Erstgestaltung der Bergkiefer noch zu treffen und die-

Weniger ist manchmal mehr. Die Entscheidung ist gefallen, Draht entfernen, Zange ansetzen, ein endgültiger Schnitt erfolgt.

Tipp:

Lasst euch bei solch entscheidenden Schnitten am Baum bitte Zeit!

Stellt den Baum in die geplante Position. Unterlegt das Behältnis für Winkelveränderungen mit einem geeigneten Gegenstand. Betrachtet den Baum nicht nur, wenn er direkt vor euch auf dem Tisch steht. Geht ein paar Schritte zurück, bewegt euch um den Baum. Lasst den betroffenen Ast unbedeckt und verhüllt ihn dann wieder.

Dieser Vorgang kann Minuten, aber auch Stunden dauern. Ich selbst treffe solche Entscheidungen oftmals Tage später. Aber dann bin ich mir sicher, dass es richtig ist.

se wird finalen Charakter haben. Lasst uns über die beiden stärksten Äste im unteren Drittel des Baums sprechen.

Natürlich überlegen wir uns solche massiven Schnitte genauer, nehmen den Baum in die Hand, drehen ihn, verändern den Winkel der Stellung. Die bisherige Position im Teichpflanzkorb war den vorhandenen Wurzeln beim Umtopfen geschuldet und keine finale Entscheidung.

Die erste Gestaltung ist beendet, der Weg stimmt.

Mit vermutlich leicht zittrigen Händen betrachten wir die nun abgeschlossene Bearbeitung der Bergkiefer. Wiederum haben wir keinen fertigen Bonsai, aber die Grundlagen sind gelegt.

Die gelben Linien definieren das angestrebte Erscheinungsbild. Der Baum soll irgendwann ein Dreieck darstellen – und damit eine Grundform bei der Gestaltung von Bonsai.

Sicher, es wird noch etwas dauern. Der Stamm darf noch stärker werden, die Äste ebenso.

Am untersten Ast wird in den nächsten Jahren stärker zurückgeschnitten, hier setzen wir auf Rückknospung. Die beiden Äste darüber benötigen noch Länge, aber auch das wird die Zeit richten.

Zuletzt noch ein Wort zu den abgeschnittenen Ästen im unteren Bereich. Diese lasse ich in diesem Stadium gern am Baum stehen. Den Ast unserer „großen Entscheidung“ benötige ich als Anker für den Draht. Zudem bietet das Trio Möglichkeiten für die Gestaltung von Totholzelementen. Aber diese Entscheidung eilt nicht.

Dass wir der Bergkiefer nun Ruhe gönnen, wisst ihr inzwischen. Den zunächst schattigen Platz ebenso. Sinnvoll ist, die nun festgelegte Stellung der Schale mit einem Stück Holz oder einem zweiten Behältnis zu fixieren, denn dann wachsen die Knospen schon in die gewünschte Richtung. Eventuell würden der Bergkiefer zwei Jahre in einem Beet nicht schaden. Das funktioniert auch im Teichpflanzkorb, aber natürlich auch ohne.

Nachdem wir nun eine gute Handvoll Bäume an den Start gebracht oder weiterentwickelt haben, freuen wir uns auf die kommenden Monate und Jahre. Jetzt beginnt der entspanntere, aber auch spannende Teil des Hobbys. Wir genießen den Austrieb, das Wachstum, freuen uns über Erfolge, nehmen aber auch Rückschritte und Niederlagen in Kauf.

Es wird nicht alles funktionieren!

Da wir bei Bonsai mit Lebewesen arbeiten, sind Verluste leider nicht zu vermeiden. Es wäre falsch und nicht ehrlich, dieses Thema nicht anzusprechen. Aber es ist nicht als Horrorvision oder Spaßbremse zu verstehen, sondern in die Kategorie „Fehler vermeiden, Fehler machen, aber zukünftig daraus lernen“ einzuordnen.

Hier kommt jede Hilfe zu spät.

Die Gründe für das Sterben von Bäumen sind vielfältig:

- Fehler in der Pflege
- Schädlinge
- Erkrankungen

Schädlinge und Krankheiten

Lasst uns mit den beiden unteren Punkten beginnen und eine Thematik angehen, die in diesem Buch nur untergeordnet angesprochen werden kann. Über den Befall von Schädlingen und über die Vielzahl an Krankheiten könnten eigene Bücher verfasst werden. Besser gesagt, sie sind bereits geschrieben.

Zudem basiert dieses Buch auf meinen eigenen Erfahrungen und ehrlicherweise bin ich trotz meiner vielen Projekte im Garten bisher mit dem berühmten blauen Auge davongekommen.

Sicherlich habe ich ab und an mit Blattläusen zu kämpfen, besonders an meinen Ahornen. Aber dieser Befall lässt sich mit Rückschnitt der befallenen Zweige und einem kräftigen Wasserstrahl bewältigen. Meine Ulmen bieten ab und an Gallmilben eine Heimat. Ein optischer Makel, aber keine echte Gefahr für den Baum. Stoße ich beim Umtopfen auf Larven, werden diese entfernt. Ziehen Ameisen in ein Gefäß, hilft ein längeres Tauchbad, um die kleinen Krabbler zu einem Umzug zu bewegen.

Dennoch habe ich ein oder zwei Bekämpfungsmittel für Läuse und Milben im Regal stehen. Dabei achte ich selbstredend auf eine Verträglichkeit für andere Insekten und Tiere.

Mit Erkrankungen hatte ich bisher ebenfalls sehr wenig zu kämpfen. Vor allem Mehltau tritt in einem feuchten Sommer oder Herbst auf den Blättern von Eichen und Feldahornen vereinzelt auf. Je nach Jahreszeit setze ich gegen diese Pilzerkrankung schon mal auf die berühmte „chemische Keule", wiederum mit dem Blick auf die Verträglichkeit für die Natur. Konkret bei einer frühen Erkrankung im Sommer ergibt dieser Schritt Sinn, denn kranke Blätter erzeugen keine Reserven für den Winter.

Schädlinge wie auch Krankheiten lassen sich im Frühstadium am einfachsten bekämpfen. Oft reicht es, die betroffenen oder befallenen Blätter zu entfernen. Wenn aber Unsicherheit besteht, bietet das Internet massenhaft Bilder, Videos und Ratschläge zum weiteren Vorgehen und der Bekämpfung. Aber lasst euch getroffene Aussagen immer durch weitere Informationen bestätigen. Meist gibt es mehrere Wege des Handelns, oft denkbar einfache.

Fehler bei der Pflege

Rein nach meinem Bauchgefühl sterben deutlich mehr kleine Bäume in der Schale aber durch eine falsche Behandlung durch den Besitzer. Natürlich nicht vorsätzlich, aber häufig wegen zu viel Pflege oder eben zu wenig.

Wie immer findet sich der richtige Weg in der goldenen Mitte. Sowohl bei Wasser, Sonne oder Dünger macht die Menge das Gift. Ach ja, das Thema Dünger hatten wir noch nicht, kommt noch.

Wir schauen kurz zurück auf die Themenbereiche Standort und Gießverhalten, erinnern uns an das Substrat und die sinnvolle

Wahl des Behältnisses, in dem unser Baum steht.

Aber auch eine gewisse Selbstdisziplin ist für eine gesunde Pflege der Bäume erforderlich. Ein Bonsai hat nicht das ganze Jahr ein ausstellungsreifes Erscheinungsbild. Schon gar nicht, wenn er sich in der Entwicklung befindet. Nicht jeder neue Trieb, der sich nicht an die gewünschte Form hält, muss sofort eliminiert werden.

Die Bäume möchten, müssen und sollen daher wachsen dürfen sowie ungeordnet und chaotisch aussehen, sich regelrecht austoben. Wir brauchen Wachstum nur für die weitere Gestaltung, für das Umsetzen unserer Vision von einem schönen Bonsai. Aber dieses erträumte finale, perfekte Bild soll der Baum am „Tag X" haben, nicht auf dem Weg dorthin.

Viel wichtiger ist das Wachstum für unsere Schützlinge. Sie brauchen neue Blätter und Zweige, um durch die Jahreszeiten zu kommen, um gesund zu bleiben. Genau diese Gesundheit sollte im Mittelpunkt unserer Arbeit mit den Bäumen stehen.

Ich hoffe sehr, dass diese Botschaft, die die Grundlage meiner Arbeit an den kleinen Bäumen ist, in diesem Buch deutlich vermittelt wird.

Mit dieser Aussage verlassen wir das unschöne Thema der Verluste. Wenden wir uns lieber den Maßnahmen zu, die uns über das Jahr vitale und wachsende Bäume bescheren sollen.

Das Jahr mit den kleinen Bäumen in der Schale

Aber wie sieht es nun aus, das Jahr als Bonsaianer? Welche Arbeiten werden wann erledigt? Was gilt es zu beachten?

Sinnvollerweise teilen wir das Jahr in Frühling, Sommer, Herbst und Winter ein. Wobei die genannten Zeiträume lediglich der groben Orientierung dienen. Das Signal für die Arbeiten geht *immer* von den Bäumen aus. Bei einem späteren Start in den Frühling kommt es zu Verzögerungen, ein milder Winter sorgt für einen früheren Beginn der Saison.

Einige Tipps werden sich mit früheren Hinweisen decken, aber wir verschaffen uns jetzt einfach noch einen Überblick. Manche Punkte klingen banal, aber wir wollen nichts vergessen. Nennen wir es daher eine kurze Checkliste.

Der Frühling

Beginnen wir mit der interessanten Phase bei der Pflege unserer kleinen Bäume in der Schale. Die Tage werden länger, die Temperaturen steigen und die Natur beginnt zu erwachen. Ein Prozess, der irgendwann im Februar und März auch bei unseren Projekten nicht zu übersehen ist. Die Triebe wachsen, die Knospen schwellen.

Aber der Neustart in die Saison ist nicht nur von schönen Eindrücken geprägt, sondern ebenso mit einigen Aufgaben verbunden:

- Unsere Bäume in der Schale bekommen mit dem Austrieb wieder Durst, daher kommt das regelmäßige Gießen wieder auf den Arbeitsplan.
- Bäume, die den Winter in geschützten Bereichen verbracht

haben oder mit einem Schutz gegen die kalte Jahreszeit versehen waren, können bei anhaltenden frostfreien Tagen und Nächten wieder an ihre üblichen Plätze.
Aber beobachtet die Wetterprognosen. Spätfröste können frischen Austrieben stark schaden.

- Die Energie für den Start ins Frühjahr holen sich die Bäume aus den Reserven in den Wurzeln, aber bei stärkerem Austrieb kann mit dem Düngen begonnen werden.

Dünger, die Zusatznahrung in der Schale

Ein kleiner, aber wichtiger Exkurs. Wir beschäftigen uns mit Dünger.

In der Natur sucht sich der Baum mit neuen Wurzeln neue Ressourcen. Dieser Weg ist bei unseren Bäumen jedoch durch die Schale und ihre Begrenzung nicht möglich. Daher sind wir für die Auffrischung der Ressourcen zuständig.

Wie schon bei der Wahl des Substrats existieren viele, viele Meinungen zum Thema Dünger und um es gleich richtig kompliziert zu machen, gibt es ebenso viele Arten von Düngern. Jeder davon hat seine Berechtigung und seinen Nutzen, aber eben nicht für alle Entwicklungsstadien der Bäume.

Hinweis:

Der wichtigste Dünger für unsere Projekte ist gleichzeitig der einfachste. Wir reden über schnödes, gewöhnliches, ganz normales Wasser.

Selbst hier gibt es unzählig viele Philosophien, die bei bestimmten Baumarten, etwa der Azalee, sinnvoll und richtig sind. Aber letztlich geht es „nur" um die wichtigste Energiequelle unserer Bäumchen.

Ich greife dabei auf zwei Varianten zurück. Habe ich beim Gießen Muße und Zeit, hole ich mir das feuchte Nass gern aus der Regentonne. Damit spare ich nicht nur Ressourcen, sondern gönne meinen Bäumen die reinste Form der Flüssigkeit. Muss es aber etwas schneller gehen oder sind die Regenwasservorräte aufgebraucht, ist der Griff zum Gartenschlauch angesagt.

Obwohl mitunter davor gewarnt wird, zu viel mit Wasser aus der Leitung zu gießen, habe ich noch keine Nachteile feststellen können. Im Gegenteil, denn Leitungswasser enthält viele Mineralstoffe, die die Bäume dankbar aufnehmen.

Verschiedene feste Dünger. Die Aufbringung ist denkbar einfach.

Für den Start unterscheiden wird zunächst Dünger in fester und flüssiger Form. Beide Arten kommen in meinem Garten zum Einsatz, wobei der Stellenwert des Flüssigdüngers immer mehr sinkt. Nicht, weil ich dessen Wirkung infrage stelle, vielmehr aus Bequemlichkeit.

An eine Düngung während des Gießens muss ich extra denken, zudem öfter. Die festen Dünger in Form von Pellets in verschiedenen Größen haben dagegen eine Langzeitwirkung und müssen nur alle paar Wochen nachgelegt werden. Dies ist für mich vor allem in regnerischen Zeiten ein großer Vorteil. Während der Flüssigdünger bei viel Niederschlag regelrecht aus der Schale geschwemmt wird, verrichten die an der Oberfläche aufgelegten Festdünger kontinuierlich ihre Arbeit.

Aber was beinhaltet eigentlich der Dünger?

Die wichtigsten Bestandteile setzen sich aus einem Trio zusammen:

- **Stickstoff (N)** sorgt für ein kräftiges Wachstum der Blätter und Zweige.
- **Phosphat (P)** verrichtet seine Arbeit unter der Erde und sorgt für guten Wurzelaufbau.
- **Kalium (K)** hat die Aufgabe, dass sich Blüten und Früchte erfolgreich entwickeln.

Die Verantwortungsbereiche sind verteilt, stellt sich die Frage nach dem Verhältnis dieser drei Komponenten. Natürlich kann man diese Grundelemente einzeln anwenden, das ist aber aufwendig und erfordert viel Erfahrung. Einige Düngervarianten setzen Prioritäten, legen etwa einen besonderen Wert auf die Wurzelbildung und haben damit einen höheren Phosphatanteil. Andere sollen für eine ausgeprägte Blüte sorgen, beinhalten daher mehr Kalium.

Für unsere Projekte, allesamt Bäumchen, die sich in allen Bereichen entwickeln sollen, bieten sich organische Langzeitdünger an, die in der Regel für alle Baumarten universell einsetzbar sind. Hier geht man zwar in Teilbereichen nicht an die oberste Grenze, aber für eine gesunde und ausgewogene Ernährung und Entwicklung ist gesorgt.

Hinweis:

Mitunter kann der Anblick von Dünger nach ein paar Tagen für Verwunderung oder gar Panik sorgen. Auch die eigene Nase meldet Bedenken an.

Der Dünger vermittelt einen schimmligen Eindruck, eventuell „müffelt" er dazu noch etwas. Aber kein Grund zur Sorge, denn die Natur geht ihren Weg, hat die Arbeit aufgenommen und setzt durch diesen Prozess der Zersetzung die wichtigen Inhaltsstoffe frei.

Entsprechende Dünger findet man im Fachhandel und hier ist es meines Erachtens sinnvoll, auf spezielle Bonsaiprodukte zurückzugreifen. Ebenso sollte auf die Dosierung geachtet werden. Der Grundsatz „Viel hilft viel" klingt zwar verlockend, ich fahre bei meinen Bäumchen mit etwas Zurückhaltung und dem Motto „Die Menge macht das Gift" aber seit Jahren sehr gut.

Der beste Zeitpunkt für das Auftragen von Dünger ist, wenn die ersten Blätter stabil sind. Bis dahin versorgt sich der Baum aus seinen eingelagerten Reserven in den Wurzeln. Also beginnen wir mit der Düngung. Diese erfolgt während der gesamten Wachstumsperiode, bis die Blätter ihre herbstliche Färbung annehmen. Zu diesem Zeitpunkt sind die Reserven im Wurzelsystem wieder aufgefüllt und es bedarf keiner Zusatzversorgung.

Perfekt! Das Thema Dünger ist abgehakt. Schauen wir auf die weiteren Aufgaben im Frühjahr.

- Vor allem für die Laubbäume ist das Schwellen der Knospen *das* Startsignal für den Umzug in neue Behältnisse und den entsprechenden Wurzelschnitt.

- Nadelbäume bekommen bei Bedarf erst im späteren Frühling eine neue Heimat.
- Nicht vergessen! Das Umtopfen sollte bei den Nadlern die einzige Aktion der Saison bleiben.
- Im Spätfrühjahr wird zudem an sehr triebfreudigen Baumarten der erste korrigierende Rückschnitt fällig. Dabei lassen wir Regionen, die stärke Äste entwickeln sollen, und Opferäste in Ruhe und kümmern uns mehr um die oberen, dem Licht näheren Bereiche.
- Gedrahtete Bäume sollten beobachtet werden und der Draht bei ersten Anzeichen des Einwachsens entfernt werden.
- Wenn die Frühjahrsarbeiten es zulassen, vertragen Nadelbäume jetzt gestalterische Drahtarbeiten. Obwohl man sie das ganze Jahr drahten kann, sind sie durch den Saftfluss flexibler. Zudem verheilen kleinere Wunden schneller.

Blütenpracht an einer Zierkirsche.

- Ansonsten? Genießt den Frühling, erfreut euch am Wachstum!

Der Sommer

- Die oberste Pflicht des Sommers ist die Wasserversorgung. An sehr heißen Tagen kann es durchaus zu zwei Einsätzen der Gießkanne kommen.
  Bitte bedenkt, die Schalen sind klein, der Durst dagegen groß.
- An die stetige Versorgung mit Nährstoffen darf ebenfalls gern gedacht werden. Jetzt wachsen die Bäumchen; regelmäßiges Düngen hilft dabei.
- Sollten die sommerlichen Temperaturen sich aber weit über 30 Grad hinausbewegen, ist die Düngung zu reduzieren oder zu unterbrechen. Der Verarbeitungsprozess des Düngers ist mit Temperaturerhöhungen im Substrat verbunden und kostet den Baum einfach Kraft. Diesen zusätzlichen Stress zur Hitze können wir vermeiden.
- Achtet auf die Blätter eurer Bäume. Ganztägige Sonnenstrahlen bei heißen Temperaturen können zu Sonnenbrand,

Hitzeschäden oder zum Verwelken der Blätter führen. Für ein halbschattiges Plätzchen sind anfällige Baumarten, etwa die japanischen Ahorne, jetzt dankbar.

- Da wir alles tun, um unseren Bäumen den höchsten Komfort zu bieten, bleibt dieses Umfeld von anderen Pflanzen nicht unbemerkt. Im Topf sprießt nun so einiges. Gelegentliches Entfernen von Unkraut ist sinnvoll. Die ungewünschten Gäste verbrauchen Energie und stehen in Konkurrenz mit unseren Bäumchen.
- Auch im Sommer: Vergesst nicht, nach den gedrahteten Ästen zu schauen.
- Das alles beherrschende Thema des Sommers ist aber der Einsatz der Schere. Wir sprechen über das Thema Rückschnitt und werfen einen genaueren Blick darauf.

Johanni, der heilige Tag des Rückschnitts

Klären wir hierzu zunächst den historischen Hintergrund. Es ist konkret der 24. Juni eines jeden Jahres, der als Johannistag gefeiert wird und als Geburtstag von Johannes dem Täufer gilt. Stellt sich nun aber die Frage, in welchem Zusammenhang dieses christliche Ereignis mit unseren Bäumen steht?

Konkret für das Hobby mit den kleinen Bäumen wurde dieses Datum natürlich nicht installiert. Aber was für die großen Pflanzen und Bäume im Garten gilt, kann für unsere Bonsai nicht schaden. Zumindest was den Rückschnitt anbelangt.

Großer Rückschnitt im Juni.

Daher sollten Ende Juni die Scheren geschärft, sauber und griffbereit sein, denn zu diesem Zeitpunkt hat der Rückschnitt auch in der Schale Hochkonjunktur. Aber warum denn eigentlich?

Dass unsere Bäume im Frühjahr kräftig austreiben, wissen wir inzwischen; das machen sie in der Natur, im Garten und in der Schale. Aber im Juni legen sie dabei eine Pause ein und durch den Schnitt von Mitte Juni bis Anfang Juli wecken wir nochmals die Lebensgeister. Und geweckte Lebensgeister sorgen bei fast allen Baumarten für einen weiteren Austrieb. Es bilden sich neue Blätter, diese wiederum neue Zweige. Schon sind wir bei der bereits mehrfach erwähnten Feinverzweigung gelandet.

Aber warum hat die Feinverzweigung einen so hohen Stellenwert bei den kleinen Bäumchen?

Spontan fallen mir hierzu zwei Punkte ein:

- Rein optisch vermittelt eine hohe Zahl an Zweigen einen naturnahen Eindruck und damit Alter und Reife.
- Schaut man auf die interne Versorgung der Bäume, werden bei einer höheren Anzahl an Zweigen und damit Trieben natürlich mehr Blätter gebildet, die zu versorgen sind. Dies führt zu kleineren Blättern und damit landen wir erneut bei einer besseren Optik.

Aber schauen wir zunächst auf die Zeit vor dem Johannistag, denn auch bis dahin sollte ein zu starker Austrieb eingekürzt werden. Aber wie?

Die ersten Austriebe und der Schnitt

Beobachten wir mal den Start im Frühling. Ein gut überwinterter und gesunder Baum fiebert den warmen Tagen mit mehr Sonne und Licht regelrecht entgegen. Die Knospen schwellen. Sind sie dann offen, kennt das Wachstum kein Halten mehr.

Binnen weniger Tage explodieren die Triebe regelrecht und am Baum beginnt der Kampf um die besten Plätze. Klingt irgendwie kriegerisch, ist es auch ein wenig. Jeder Zweig möchte nun möglichst nahe zur Sonne. Logischerweise haben dabei die oberen Regionen die Logenplätze. Die Bäume merken das und befördern die Energie bevorzugt in diese Bereiche.

Dazu sorgt diese Gier nach Licht dafür, dass die neuen Triebe vor allem in die Länge und nach oben wachsen und damit in eine Richtung, die uns nicht so gut gefällt. Die Abstände zwischen den neu entstehenden Zweigen am Ast, genauer gesagt die Internodien, werden länger und damit unschön.

Zu allem Überfluss führt diese Macht der höheren Etagen, die als Apikaldominanz bezeichnet wird, zu Problemen im unteren Bereich des Baums. Dieser kommt schlechter an die Energiequelle Sonne, der Baum selbst registriert diesen Umstand und versorgt die Regionen zurückhaltender.

Gestaltungsarbeit an einem Wacholder.

Allerdings wollen wir besonders zum Einstieg in unsere Bäumchen starke Äste, viele Zweige und damit auch Blätter, und so haben wir keine Wahl. Wir müssen eingreifen.

Bereits ein paar Wochen, manchmal nur Tage nach dem ersten Wachstum kommt daher die Schere zum Einsatz. Besonders bei den Laubbäumen, aber ebenso bei den wuchsfreudigen Lärchen. Bei Jungpflanzen und angehenden Bäumen kommen dabei zwei Arten des Rückschnitts zum Einsatz:

Steht ein junger Baum, der noch eine überschaubare Anzahl an Ästen und Zweigen sein Eigen nennt, vor uns, gehen wir gezielt Trieb für Trieb an die Arbeit. Gleiches gilt übrigens auch für ältere Bäume, die sich in der Endgestaltung befinden und gezielt gestutzt werden.

In der Regel hat der Baum, wie auf dem Bild der Ahorn, binnen Tagen einen langen, aber sehr dünnen Zweig gebildet, der bereits mehrere Blätter hat. Genau diesen Zweig kürzen wir nun ein. Im oberen, vom Baum bevorzugten Bereich bis auf zwei oder drei Blätter. Im Fall des Ahorns auf ein oder zwei Blattpaare.

Im unteren Teil des Baums wird der Austrieb in der Regel nicht so kräftig sein, die Internodien sind nicht so lange, daher gehen wir dort etwas zurückhaltender ans Werk.

Achtung: Beim Rückschnitt behalten wir unsere gestalterische Planung im Hinterkopf und erinnern uns an Äste, die für ihre Entwicklung gefördert werden sollen und damit weniger Schnitt bekommen. Die Opferäste lassen

Der Ahorn vor und nach dem „Heckenschnitt".

wir ebenfalls wachsen und „opfern" sie dann, wenn ihre Aufgabe erledigt ist.

Kommen wir zur zweiten Art und Weise, einen Baum zurückzuschneiden. Dafür greife ich gern zur größten meiner Scheren, denn diese Vorgehensweise ist weniger filigran, aber ebenso effektiv.

Wir bearbeiten den Baum wie eine Hecke. Der bereits zitierte Bonsai-Guru Walter Pall hat dieser Methode zum Rückschnitt den entsprechenden Namen gegeben, denn es handelt sich um den „Heckenschnitt".

Dabei liegt das Hauptaugenmerk auf der Erhaltung der Form des Baums. Mittels dieser Technik geben wir dem aus dem Ruder gelaufenen Baum seine Silhouette zurück. Oben etwas großzügiger, unten etwas zurückhaltender.

Die Zielsetzungen sind bei beiden Vorgehensweisen identisch:

- Die Apikaldominanz soll eingeschränkt werden.
- Die Energieverteilung des Baums soll besser ausgeglichen werden.
- Die inneren Bereiche sollen wieder mehr Licht bekommen, denn auch im stammnahen Bereich sollen Knospen entstehen und wachsen können.

Wer nun aber Ende April der Meinung ist, dass sich mit diesem Eingriff der Rückschnitt bis zum Johannistag erledigt hat, liegt leider falsch. Diese Maßnahme gehört vom späten Frühjahr bis zum Ende des Sommers zu den regelmäßigen Aufgaben des Bonsaianers. Erst mit Beginn des Herbsts bekommen die Scheren zumindest in Sachen Rückschnitt eine Pause.

Etwas anders und eher mit Fingerfertigkeit gehen wir an unsere Nadelgehölze, wenn es gilt, zu starkes Wachstum in die richtigen Bahnen zu leiten.

Eine Maßnahme kennen wir bereits aus der Erstgestaltung der Bergkiefer. Für eine bessere Feinverzweigung nehmen wir den mittleren Trieb vom Ast und selektieren die vorhandenen Knospen mit Blick auf den gewünschten Weg des Wachstums aus.

Aber wenn die Kerzen, so nennen sich die Triebe bei Nadelge-

Blattschnitt, der Rundumschlag

Die sicherlich extremste Form des Rückschnitts ist die komplette Entfernung der Grünmasse an Laubbäumen. Dabei werden *alle* Blätter des Bäumchens entfernt. Ein paar Tipps zu dieser drastischen Maßnahme:

- Der bearbeitete Baum muss gesund sein. Das heißt, er hat bereits im Frühjahr gut ausgetrieben und ist seither weitergewachsen.
- Der beste Zeitpunkt für den Blattschnitt ist der Juni, wenn die Äste und Zweige des Austriebs im Frühjahr ausgehärtet sind und beginnen sich zu verholzen. Der Juni verwundert nicht, wir sind schließlich rund um Johanni unterwegs.
- Bei ein paar Wochen zuvor frisch umgetopften Bäumen ist es sinnvoller, erst im Folgejahr zu entlauben.
- Die Blätter werden am Blattstil abgeschnitten, der verbleibende Stängel bleibt dabei am Baum.
- Nach dem Blattschnitt sind keine besonderen Maßnahmen zu beachten. Aber es schadet nicht, wenn das Bäumchen halbschattig gestellt wird.
- Dann ist Geduld gefragt, denn es dauert ein paar Tage, bis sich neues Grün zeigt. Aber keine Sorge, es wird kommen!

Aber warum erfolgt der Blattschnitt eigentlich?

- Oftmals wird die Entlaubung damit begründet, dass sich in der Folge kleinere Blätter bilden, die den Baum besser aussehen lassen. Eine korrekte Beobachtung, die aber eben nur für die laufende Saison gilt.
- Viel wichtiger ist, dass sich durch diesen Vorgang weitere Feinverzweigung aufbaut, und deren Stellenwert haben wir inzwischen verinnerlicht.

Bei den meisten Laubbäumen funktioniert der Blattschnitt. Beste Erfahrungen habe ich bei Ahornen, Hain- und Rotbuchen sowie Linden gemacht.

Einmal grob, einmal klein. Ein Eingriff ist sinnvoll.

Die Fingernägel fungieren als Knipswerkzeug.

hölzen, ihr Wachstum starten, sollte nochmals Hand angelegt werden – und dies tatsächlich mit selbiger.

Da es der Kiefer selbst nicht um ihr Aussehen als Bonsai geht, sondern rein um den Erhaltungstrieb, wird sie stärkere Knospen und Kerzen in ihrem Wachstum bevorzugt behandeln. Diese Bevorzugung ist deutlich sichtbar und kann reguliert werden. Die Triebe des Nadelbaums werden pinziert.

Der beste Zeitpunkt für diese erzieherische Maßnahme liegt im April und Mai. Die Kerzen bilden sich aus und beginnen in die Länge zu wachsen. Aber eben nicht einheitlich. Deshalb werden wir dafür sorgen. Mittels der Fingernägel werden die Kerzen auf die gleiche

Zwischen den Kerzen besteht wieder Chancengleichheit.

Länge „geknipst". Natürlich können dafür ebenso eine Schere oder Pinzette benutzt werden, aber das Fingerspitzengefühl sorgt für einen schonenderen Eingriff.

Diese Vorgehensweise wird am ganzen Baum umgesetzt, wobei in Regionen mit erwünschtem Mehrwachstum längere Kerzen stehen bleiben können. Der Baum wird die neuen Gegebenheiten in der Folge analysieren und seine Kräfte entsprechend neu verteilen.

Eine Stufe weiter, der Gestaltungsschnitt

Gut, den Rückschnitt zum Aufbau einer besseren Feinverzweigung und zum Erhalt der Silhouette kennen wir jetzt. Gehen wir daher eine Stufe weiter. Die Feinverzweigung ist im Ansatz vorhanden und gilt „gesteuert" zu werden.

Als Beispiel habe ich hierzu einen Baum gewählt, der seit vier Jahren in meinem Garten steht. Es handelt sich um eine japanische Lärche aus dem Gartencenter. Vielleicht ist das Bäumchen auch ein gutes Beispiel, wie schnell man aus Rohware etwas Ansehnliches gestalten kann.

Der Weg der Lärche startete mit einem Rückschnitt, der Verkürzung des Stamms und dem ersten Auslichten der Äste. Dann wurde der noch bewegliche Stamm ein wenig gebogen und auch die grobe Verzweigung mit Draht in Form gebracht.

Bereits zwei Jahre später hatten sich die Maßnahmen ausgezahlt. Die Lärche hatte eine erste Grundform gebildet und die Feinverzweigung konnte weiterentwickelt werden. Dabei blieben auch Äste am Baum, die später keine Rolle spielen werden, aber zum

In vier Jahren vom Rohling zum Baum in der Schale.

Die Lärche hat sehr gut ausgetrieben, aber etwas wild.

Tote, querliegende und „falsche" Zweige werden entfernt.

besseren Stammwachstum beitragen und eventuell als Totholzelemente dienen könnten. Zwischendurch wandert der Baum aus der zu früh erfolgten Einsetzung in eine Schale wieder in ein Wachstumsgefäß. Eine Umtopfung, die mit schönem Austrieb belohnt wird.

Aber wir wollten auf die Feinverzweigung und deren Optimierung schauen.

Dabei haben wir die typischen Ziele beim Rückschnitt. Äste und Zweigen, die nach oben oder unten wachsen, werden entfernt. Gleiches gilt für solche, die in- und übereinander stehen. Knospen, die in unmittelbarer Nähe einer Astvergabelung sitzen, schneiden wir auch ab.

Mit Draht fixiert, kann das Polster nun wieder frei wachsen.

Ist alles erledigt, gestalten wir die Äste mittels Draht zu einem aufgefächerten und lichtdurchlässigen Polster.

Diese Vorgehensweise ziehen wir an allen Ästen durch, zumindest den zukünftig gestalteten. Das Ganze wird ein wenig dau-

In vier Jahren vom Rohling zum Baum in der Schale.

ern, aber die Lärche wird es uns danken.

Bei dieser Lärche bin ich in der Gestaltung noch einige Schritte weiter gegangen. Äste wurden entfernt, Totholz kreiert, eine weitere Etappe absolviert.

Für mich ist dieser Baum ein sehr gutes Beispiel, dass auch aus ganz gewöhnlichem Material aus dem Bau- oder Gartencenter mit etwas Zeit, Fantasie und Geduld eine richtig schöne Gestaltung gelingen kann.

Gehen wir weiter im Jahr und kommen zum Herbst.

Der Herbst

- Die Tage werden kürzer, die Temperaturen kühler und normalerweise regnet es etwas mehr. Das Gießverhalten bei den Bäumen ist den Gegebenheiten anzupassen. Vor allem auf die Nadelbäume ist zu achten.
- Auf die gedrahteten Äste legen wir erneut einen Blick. Sollte der Draht noch nicht einwachsen, kann er zur weiteren Stabilisierung über den Winter am Baum verbleiben.
- Wenn die Laubbäume anfangen, ihre Blätter zu verlieren, sind die Nährstoffe wieder in den Wurzeln und es kann zur Schere gegriffen werden. Es ist ein guter Zeitpunkt für einen

Farbenfroher Ahornwald im Herbst.

Formschnitt, wie vorher beschrieben.

- Frostige Nächte können im Spätherbst auftreten. Die frostempfindlichen Bäume sollten entsprechend geschützt werden. Eine Hauswand oder eine Kunststofffolie können über Nacht das Überleben gewährleisten.
- Sollte sich in der Schale Moos gebildet haben, ist dies auf dem Substrat kein großes Problem. Am Wurzelansatz oder Stamm ist es dagegen kritischer. Das Moos hält die Feuchtigkeit und trocknet nicht mehr ab, es kann zu Fäulnis kommen.
- Wie auf dem Balkon oder auf der Terrasse entfernen wir auch in unseren Schalen und Töpfen die Rückstände des Herbsts. Das abgefallene Laub muss nicht unbedingt auf dem Substrat verrotten.

Die Mädchenkiefer vom Cover im Winter.

Der Winter

- Jetzt ist es höchste Zeit, sich mit den Nehmerqualitäten unserer Bäumchen zu beschäftigen. Vor allem frostempfindliche Kameraden freuen sich über ein gemäßigtes Winterlager.
- Das Gießen wird zwar sowohl innen, aber ebenso im Freien deutlich reduziert, aber bitte nicht gänzlich vergessen. Auch im Winter gibt es trockene Tage und eine Warnung sei erlaubt. Die wenigsten Bäume erfrieren über die kalten Monate, die meisten verdursten.
- An den Nadelbäumen kann während der Wintermonate mit Draht durchaus gearbeitet werden. Aber bitte nicht vergessen, dass die bearbeiteten Kandidaten danach wieder ins Freie müssen.
- Grundsätzlich sollte jede Baumart entsprechend ihrer Kälteverträglichkeit durch den Winter gehen. Die Bäume benötigen den Wechsel der Jahreszeiten, auch den Winter.

- Ansonsten sind die kalten Monate perfekt für die Planungen der kommenden Saison. Schaut in eure Materiallager. Ist genug Substrat da? Werden neue Gefäße oder gar Schalen benötigt? Überlegt euch, welche Bäume im Frühjahr umgetopft werden sollen.

Irgendwann heißt es dann, der Lenz ist da. Und was soll ich sagen? Der ganze Wahnsinn beginnt erneut.

Ein grober Überblick der Aufgaben des Jahres

Hierbei handelt sich um eine sehr einfache schematische Darstellung. Bitte beachtet: Für alle Arbeiten geben immer die Bäume den Takt an.

Den letzten Punkt bitte ich jedoch ganzjährig intensiv auszuleben!

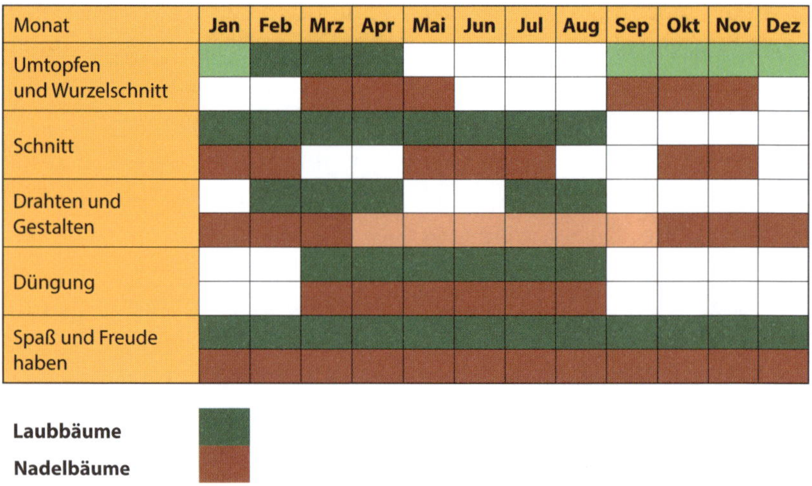

Und jetzt? Einfach mal machen!

Legt los! Habt Spaß! Erfreut euch an euren Bäumen! Feiert Erfolge, verdaut Rückschläge!

Genießt den Wechsel der Jahreszeiten und vor allem: wachst mit euren Bäumen. Wie bei euren kleinen Kameraden in der Schale werdet ihr an euch selbst Fortschritte bemerken. Der eine mehr, der andere weniger.

Wenn es bei euch aber „mehr“ ist, dann geht die nächsten Schritte. Dieses Buch ist lediglich ein Appetitanreger, ein Guide für den Start. Die Fortsetzungen, die weiteren Etappen auf eurer Reise mit Bonsai habt nur ihr selbst in der Hand.

Geht mit offenen Augen durch die Natur. Lest im Internet, seht euch Bilder an. Videos wie auf meinem YouTube-Kanal „my bonsai & koi“, aber natürlich auch andere sorgen für Ideen und Inspirationen. Geht bei Bonsai-Fachhändlern vorbei, besucht Ausstellungen, denn jeder neu betrachtete Baum bringt euch weiter.

Und wenn euch dieser Input nicht reicht, dann sucht euch Gleichgesinnte! Schaut, ob es in eurer Nähe einen Arbeitskreis gibt. Besucht Seminare oder Workshops. Nirgends lernt man mehr als im Austausch mit anderen.

Habt keine Angst, dort als Neuling oder Starter teilzunehmen, jeder hat klein angefangen.

Mädchenkiefer nach vier Jahren Bearbeitung.

Auch meine Reise mit den geliebten kleinen Bäumen in der Schale steckt noch in den Kinderschuhen, geht aber stetig weiter. Es gibt so viele Themen und Arbeiten, die noch unbeantwortet sind, die den Rahmen dieses Buchs einfach gesprengt hätten.

Es könnten noch viele Geschichten erzählt werden und mal sehen, vielleicht gibt es irgendwann ein Buch mit dem Titel **„Mehr Bock auf Bonsai“**...

Danke fürs Lesen und wir sehen uns!

Ein letzter Hinweis:

Bonsai ist ein Hobby, das Zeit benötigt!

Alle Beschreibungen zur Gestaltung der Bäume in diesem Buch sind letztlich Momentaufnahmen. Ein Zwischenstopp, eine Etappe auf der Entwicklung der kleinen Bäumchen zu hoffentlich schönen Bäumen in der Schale, besser noch zu Bonsai.

Auf diesem Weg wird es Fortschritte geben, aber auch Rückschläge und genau daran möchte ich euch, meine Leser, teilhaben lassen!

Für die Projekte in diesem Buch wird es über die nächsten Jahre auf YouTube immer wieder Videos zu den weiteren Entwicklungsschritten geben. Nicht jede Woche, nicht jeden Monat, aber mindestens jährlich. Mal zusammen, mal einzeln. Diese Videos werden auf meinem YouTube-Kanal **„my bonsai & koi“** unter dem Titel **„Bock auf Bonsai“** veröffentlicht.

Bonsai ist nun mal eine Reise, ein Marathon und kein Sprint. Ich freue mich darauf, diese Reise mit euch gemeinsam zu gehen! Also schaut ab und zu rein, es könnte sich lohnen.

https://www.youtube.com/@my_bonsai_and_koi

Bibliografische Information der Deutschen Nationalbibliothek.

Die Deutsche Nationalbibliothek verzeichnet diese Publikation in der Deutschen Nationalbibliografie; detaillierte bibliografische Daten sind im Internet über http://dnb.dnb.de abrufbar.

Für Fragen und Anregungen:
info@eulogiaverlag.de

ISBN Softcover: 978-3-96967-418-5
ISBN E-Book: 978-3-96967-420-8

Originale Erstausgabe 2024

Eulogia Verlags GmbH
Gerhofstraße 1–3
20354 Hamburg

Lektorat: Sandra Pichler
Satz und Layout: Tomasz Dębowski
Umschlaggestaltung: Aleksandar Petrović

FSC
www.fsc.org
MIX
Papier | Fördert gute Waldnutzung
FSC® C129413

Liebe Leserin, lieber Leser,

hat Ihnen dieses Buch gefallen?
Ihr Feedback, Ihre Anregungen und Ihre Kritik bedeuten uns viel, denn sie helfen uns, unsere Bücher kontinuierlich zu verbessern.

Die Meinung und Zufriedenheit unserer geschätzten Leserinnen und Leser stehen im Mittelpunkt unseres Schaffens. Ihre Gedanken sind uns wichtig.

Zögern Sie daher nicht, uns zu kontaktieren und Ihre Gedanken mit uns zu teilen. Senden Sie uns einfach eine E-Mail an:
feedback@eulogiaverlag.de

Besuchen Sie auch gern unsere Verlagsseite und entdecken Sie weitere spannende Bücher unter:
www.eulogiaverlag.de

Wir sind gespannt auf Ihre Nachricht und freuen uns darauf, von Ihnen zu hören!

Herzlichst
Ihr **Eulogia Verlag**